纳兰性德

曹司晗 —— 著

一颗词心唱尽悲欢 一生赤诚璀璨百年

哈尔滨出版社
HARBIN PUBLISHING HOUSE

图书在版编目 (CIP) 数据

纳兰性德传 / 曹司晗著 . -- 哈尔滨 : 哈尔滨出版
社 , 2025. 2. -- ISBN 978-7-5484-8024-2

Ⅰ . K825.6

中国国家版本馆 CIP 数据核字第 2024FR6462 号

书　　名: **纳兰性德传**
NALAN XINGDE ZHUAN

作　　者: 曹司晗　著
责任编辑: 李维娜
封面设计: 周　飞
内文排版: 张艳中

出版发行: 哈尔滨出版社 (Harbin Publishing House)
社　　址: 哈尔滨市香坊区泰山路 82-9 号　　邮编: 150090
经　　销: 全国新华书店
印　　刷: 三河市刚利印务有限公司
网　　址: www.hrbcbs.com
E-mail : hrbcbs@yeah.net
编辑版权热线:（0451）87900271　87900272
销售热线:（0451）87900202　87900203

开　　本: 880mm×1230mm　1/32　印张: 6.5　字数: 170 千字
版　　次: 2025 年 2 月第 1 版
印　　次: 2025 年 2 月第 1 次印刷
书　　号: ISBN 978-7-5484-8024-2
定　　价: 39.00 元

序

宋词，与唐诗齐名，两者被誉为古典文学的双峰，至今仍被世人景仰。然而，在清代——这个封建王朝的黄昏时期，一位词人横空出世，以生花妙笔，重现两宋词坛的清丽婉约、格高韵远。

这位词人，在清词史中，被誉为"国初第一词手"。尽管他的人生如流星般短暂，仅走过三十一年的岁月，却以泣血深情，织就锦绣文字。他的"饮水词"，惊艳了后世数百年，至今读者仍为之动容。

纳兰性德（1655—1685），字容若，生于权倾朝野的首辅纳兰明珠之家，博史通经，工书法，擅丹青，精骑射，十八岁乡试中举，二十二岁赐进士，担任宫廷侍卫，常伴康熙帝左右。然而，三十一岁时，他因寒疾英年早逝，留下《饮水词》《通志堂集》《渌水亭杂识》等著作。

有人戏称，他的出生地便是罗马——诚然，他的出身让他注定享有锦衣玉食、荣华富贵的生活。然而，他的眉宇间却常常弥漫着哀愁，渗透进他的文字，汇聚成一种能超越时空、引人共鸣的广泛情绪。

或许会有人疑惑，他的愁从何来？他明明是这样一位白马轻裘、得天独厚的富贵公子，合该一生顺遂无虞，所愿皆得。而读过他的一生，我们就会发现，命运不曾偏爱谁。纳兰容若的失意被生活表面的繁花似锦所掩盖，让他在落寞中不断消磨着对生命的热情。

若非生活给予的痛楚太深，他无法写出那些传唱广泛、动人心魄的词句，一度形成"家家争唱饮水词"的盛景。

他的痛苦孕育了他的笔墨，他的诗词里藏着他的人生。正如

《牡丹亭》中所言："情不知所起，一往而深；生者可以死，死可以生。"纳兰容若的一生，为情所困，亦为情所系。

他是纳兰明珠夫妇的长子，成长在父母无尽的疼爱与期待之中。他孝顺明理，自愿承担起使家族兴旺的重任。然而，当他步入仕途，却发现家族已身处盛极而衰的边缘，他感知到这一趋势，却无力回天。

他的初恋铭心刻骨，却终究难逃分隔两地的命运。在心灰意冷之时，他遇到了灵魂伴侣卢氏，她的理解与关爱为他带来了极大的慰藉。遗憾的是，这段美好的婚姻仅持续了三年，卢氏的离世再次将他推向深渊，余生再未走出爱人离世的沉痛。

后来，他遇上了"生死至交"顾贞观，共同参与了一场惊心动魄的救援，留下"绝塞生还吴季子"的佳话。他身边聚集了一批志同道合的文人好友，但岁月无情，世事无常，友人的离别与陌路在他的生活中不断上演。

这便是纳兰性德，他被长辈精心栽培，也被家族宿命牵绊，囿于侍卫之职，未能尽展其才；他深受汉学文化熏陶，情愿与文人墨客为伍，却因身为满洲贵族常陷入两难；他温柔多情，怀揣着"一生一代一双人"的憧憬，却屡遭生离死别的打击，饱尝一往情深的苦楚。

"事与愿违"四字，仿佛为纳兰容若的命运量身打造一般。他天生一个情痴，不肯向现实低头，始终在理想与现实间挣扎。即便潜心研读佛经，也只能获得片刻宁静，难以真正解脱。

他的一生，半是悲凉，半是欢喜，虽是个人之不幸，却成就了词坛之万幸。

纳兰性德的词风婉丽凄清、哀感顽艳，与南唐后主相近；内容则注重抒发真情实感，笔调纯任性灵，纤尘不染，为袁枚所提倡的"性灵派"理论奠定了坚实的基础；他的悼亡词，情深意切，技艺精湛，佳作频出，堪称历代词人之冠。

他的词，非宴饮歌舞的浅斟低唱，而是洗尽铅华、至情至性的流露。其中有"人生若只如初见"的深沉感慨，"一片伤心画不成"的刻骨相思；有"便向夕阳里，倚马挥毫"的豪情壮志，也有"断肠声里忆平生"的孤寂凄凉。

且让我们沿着纳兰词的脉络，回望那些字字珠玑、句句含情的词句，去触摸那个历史长河中才华横溢、有血有肉的纳兰性德，感受他的情怀抱负与悲欢感悟。

纳兰性德，以词寄情，以情动人，是对命运的无奈抗争，也正是他对世界的深情告白。

纳兰已去三百载，"人间何处问多情"。

目录

卷六

我今落拓何所止

卷七

我生如飞蓬，飘然落天际

卷一

别有根芽，不是人间富贵花

第一章
一宵冷雨葬名花——同日归去

康熙二十四年（1685 年），暮春。

玉泉山麓，渌水亭畔，三五知己好友相聚。觥筹交错，来往吟咏，口齿噙香，不禁让人忆起东晋时名动天下的兰亭集会。

这次宴饮，是为一位远道而来的朋友接风洗尘，所谓"有朋自远方来"，众人自是意兴益然。然而，此次聚会的主角之一，清朝三大词家之一的纳兰性德，于欢朋宴饮间，眉宇间仍有掩不去的清愁。此时，他大病初愈，杯酒入喉勾得愁肠百结，正好赋诗唱和一咏：

夜合花

阶前双夜合，枝叶敷华荣。

疏密共晴雨，卷舒因晦明。

影随筠箔乱，香杂水沉生。

对此能销忿，旋移迎小楹。

庭院中，两株合欢树繁花似锦，交相辉映，无论晴雨晦明，均是相随与共。诗人久久伫立在这两棵树前，以期消解胸中不忿之情。

在场友人见此诗，一时陷入沉默，既为知己，怎能不晓得纳兰性德心中之苦闷？

他是为何而"忿"？是多年壮志难酬的苦闷，是沉疴难愈的忧郁，还是对亡妻魂牵梦萦的思念？

纳兰性德的身体状况一直让好友们挂怀不已，如何能看他黯然伤神、愈发消沉？姜宸英强打精神，在《夜合花》诗后，附和一首，来宽慰好友：

夜合花·性德斋同梁汾、药亭、天章

姜宸英

窗前故摇曳，况复晓风吹。得地为交让，生庭即采芝。

分明上阶薄，交翠拂帘迟。良会欢今日，无烦蠋忿为。

"良会欢今日，无烦蠋忿为"，今天的聚会如此开心，我们就暂时忘了那些忧愁烦恼的事情吧！

纳兰性德知晓友人好意，心中一暖。只是他这一生，用稼轩词"一身都是愁"一句来形容，可谓贴切入骨。

他一醉，傀俄萧然如玉山将倾；作一咏，遣性成诗却转凄凉，而后三叹。

诗会后的第二天，纳兰性德便一病不起，七日高烧，不曾发汗，于康熙二十四年五月三十溘然而去，年仅三十一岁①。

更令人纳罕的是，八年前的这日正是纳兰性德深爱的夫人卢氏离去之日。

很难让人不产生联想，情深性灵的纳兰性德，在人世苦苦挣扎七日，永远阖上他多情的双眼，正是为了同日追随爱人而去，来世再续今生之缘。

未能同年同月同日生，有幸于同月同日去。

他本是浊世翩翩佳公子，出身于权贵相门，与皇家有亲，是当朝圣上康熙未出五服的表兄弟。其人品貌秀俊，天赋异禀，好读书，善骑射。他于十七岁入学国子监，十八中举人，十九为贡生，二十二岁，考取二甲七名进士。康熙深深信任着自己这位表弟，提

---

① 本书中所有古人年龄与时间节点遵从阴历纪年。

拔他为御前侍卫，以便常常陪伴自己左右。

他一生笃志好学，博览群书，钻研经史，著作等身。弱冠之年，纳兰性德便在当世名家徐乾学的协助下，资助并参与编纂共计1860卷的《通志堂经解》。这是清代最早编著的阐释儒家经义的大型丛书，收录先秦、唐、宋、元、明时期总共146种经解，从内阁武英殿到坊间书铺多次再版，乾隆皇帝称赞其"是书荟萃诸家，典瞻赅博，实足以表彰六经"，并作为《四库全书》的底本刊布流传。

他性情纯善，为人体贴，交友从不拘对方出身。虽为满洲贵族，他与达官贵族交往平平，反而与顾贞观、严绳孙、姜宸英、朱彝尊等"落落难合者"交情甚笃。纳兰性德被挚友顾贞观打动，曾为营救因"丁酉科场案"流放宁古塔的吴兆骞奔走数年，也曾帮助不计其数的士子、隐士、遗民。当他英年早逝的消息传出，才会有"海内之知与不知者无不催伤"的举世哀情。

为人津津乐道的，还有他一生中与三位女子或史料有实，或捕风捉影的感情经历，其中有青梅竹马但被锁深宫、天各一方的初恋；有琴瑟和鸣、心心相印，却因难产而去的原配妻子；也有才貌双全、红袖添香，却因种种现实原因不能相守的知己沈宛。世人总爱看曲折悱恻的爱情故事，这些情感纠葛的流传之广，并不逊色于他的清词妙句。

当然，更深入人心的，还是纳兰性德在清初词坛的卓然成就。他在短暂的生命中，留下三百余首或清丽婉约，或雄浑悲壮的词作。梁启超推崇他为清代词家之首，学者郑振铎也赞赏其"性德以才情胜，其词缠绵清婉，为当代冠"。他在词作方面"天分高绝"，词风"纯任性灵"，与朱彝尊、陈维崧并称"清词三大家"。

他的词以情感人，以真动人，常以白描笔法雕饰，所以朗朗上口，极易流传，在当时达到"传写遍于村校邮壁，海内文士竞所摹仿"的程度。时至今日，"人生若只如初见""当时只道是寻常""一生一代一双人"等缠绵婉丽的词句，仍然深入人心，常常被引用诵读。

可他的好友曹寅却作诗叹道："家家争唱饮水词，纳兰心事几曾知？"

他自己亦有词曰："我是人间惆怅客，知君何事泪纵横。"

纳兰明珠经常疑惑，自己已经给了儿子最好的一切，他到底在愁些什么？可是这个问题，从康熙二十四年起，再也得不到答案了。

出身"花柳繁华地，温柔富贵乡"的纳兰性德，生来即天之骄子，却不知是否应了那句"情深不寿，慧极必伤"，正值英年却撒手离去。

如他自己所说，人生天地，惆怅客居人间三十载，终不敌命运作弄，飘然远去矣，只为世人徒留遗憾喟叹。

是不幸，也是万幸，他的心事寄于《饮水词》之上，让几百年后的我们，仍能从字句之间，遥见清朝第一公子如流星绚丽的风采，亦能得以窥得他愁丝百结的一二缘由。

第二章
后身缘、恐结他生里——命中注定

我们应该相信命运吗？

由殷商甲骨卜辞起，几千年璀璨文化中，还流传着一种玄妙莫测的文化，我们称之为"谶语"，后被广泛用于文学作品中。

刘勰在《文心雕龙》中写道："事丰奇伟，辞富膏腴，无益经典而有助文章，是以后来辞人，采摭英华。"说的是，可以借"谶语"的自然之道阐明深远的事理，还能令故事增添曲折宿命的色彩。

在《红楼梦》中便有着大量的诗谶、梦谶、戏谶、名谶，最令人深刻的，莫过于贾政在元宵节猜贾府姐妹的灯谜时，隐约领略了家族"万艳同悲"的悲剧命运，一时不由得感慨悲戚。殊不知他自己也是这命运的一环——贾政所作灯谜的谜底——砚台，也应了那句"虽不能言，有言必应"。

当然，这只是曹公在文学创作中精心安排的桥段，在各处埋下精妙的伏笔，使得故事情节环环相扣，引人入胜。

然而，对于纳兰性德来说，"一语成谶"四个字，仿佛与他也有些别样的缘分。

顺治十一年的腊月，天降新雪，伴随着凛凛北风，飘忽而来。京中一所宅院却不受外面寒风的影响，气氛格外焦灼紧张。

终于，在女主人觉罗氏万苦千辛的挣扎下，明珠的长子呱呱坠地。

初为人父的纳兰明珠心中喜不自胜，小心翼翼地哄着怀中的孩子。这位心情激动的父亲，或许已经无数次畅想过孩子长大的样子。但他一定预料不到，怀中这个被自己无限怜爱的小婴儿，会成长为举世闻名的清朝第一词人，百年之后的盛名甚至压过曾官至一品、权倾朝野的自己。

此时，他只是想着，作为长子，这个孩子承载了他们夫妻对未来一切美好的期望，而将"纳兰成德"作为大名，便是他对孩子未来最深的期许。

"成德"在典籍中常常出现，《易传·文言传·乾文言》中道："君子以成德为行，日可见之行也。"君子，便要在日常的行为中，砥砺心性，立身修德。

朱熹《论语集注》中也写道："言学者当损有余，补不足，至于成德，则不期然而然矣。"做学问的人，应当对自己的优点谦虚，努力完善自己的不足，那么成为有德望的人，就是水到渠成的事了。

"纳兰成德"这个名字之所以变为"纳兰性德"，一广为流传的说法是，康熙十四年（1675 年）时，康熙元后赫舍里氏诞下的二皇子保成被立为太子，此时二十一岁的纳兰性德为避太子名讳，改名为"性德"。但一年后，皇太子改名为胤礽，纳兰性德便又用回本名"成德"，只是后世之人惯于称呼他为纳兰性德而已。

成为君子，是严父明珠对于孩子的殷殷期待，而他的一腔慈父情怀又该如何表达？

他沉思片刻，想起外面北风呼啸的天气，又为孩子取了个乳名——冬郎，这个亲昵的小名，饱含着父母的舐犊深情。

多年后，好友顾贞观得知纳兰性德有此乳名时，好奇询问："难道令尊大人在多年前，便已见得日后容若的文采风流，才取得这小名？"

说来也巧，冬郎原是晚唐诗人韩偓的小名，他是李商隐的姨侄，从小便早早显出别具一格的诗才来。

一日，李商隐要离开京城，加入四川的东川节度使幕府，亲朋好友为他设宴送行。宴席上，年仅十岁的韩偓即席赋诗，才惊四座。

李商隐对这位才华横溢的少年爱惜不已，后来于异地忆起此事，回赠两首七绝寄给韩偓以作勉励：

韩冬郎即席为诗相送一座尽惊他日余方追吟连宵侍坐
裴回久之句有老成之风因成二绝寄酬兼呈畏之员外

其一

十岁裁诗走马成，冷灰残烛动离情。

桐花万里丹山路，雏凤清于老凤声。

其二

剑栈风樯各苦辛，别时冰雪到时春。

为凭何逊休联句，瘦尽东阳姓沈人。

其中"桐花万里丹山路，雏凤清于老凤声"一句，便是成语"雏凤声清"的由来。

纳兰性德微笑着解释："家父应该只是因为我出生于冬季，才取了这个小名。"

"那岂不就是巧合？巧合更妙，未来'雏凤清于老凤声'，未可量也！"

面对友人打趣，纳兰性德连连苦笑，任凭友人玩笑。

只论诗才，纳兰性德与韩偓的确多有相似之处。韩偓可以"十岁裁诗走马成"，纳兰性德也是在十岁时，留下自己最早的诗作：

上元月食

夹道香尘拥狭斜，金波无影暗千家。

姮娥应是羞分镜，故倩轻云掩素华。

这首七绝描写的是康熙三年（1644 年）的上元节，那一年的十五之夜，发生了难得的月食天象。虽然此诗未见深意，仅为写景记事，但十岁的少年郎以不见稚嫩的笔触，完成了这首平仄协韵要求严格的近体诗，已是难得天才了。

然而，纳兰性德即便天赋异禀，"雏凤清于老凤声"说起来容易，但对于他来说，又是何其艰难！

他的父亲明珠，以一介侍卫之身，在官场十年间平步青云，直到位极人臣，成为与索额图平分秋色的铁腕明相。

纳兰性德生于官宦门第，却也一辈子困囿于这繁华着锦的相门之中。成德是他为人的写照，冬郎是他命运的伏笔，他的一生，原来在出生之时，便被名讳作了注脚。

除此之外，在纳兰性德离去后，曾以"冬郎"作谑的顾贞观，总是忆起与故友相关的一件旧事。

当时，两人虽为初相识，却倾盖如故，纳兰性德挥笔写就《金缕曲·赠梁汾》，赠与知己。这首《金缕曲》一经传出，震动词坛，其中却有一句，令顾贞观印象尤为深刻，隐隐不安："后身缘、恐结他生里。"

"我们这辈子相交的时间恐怕不长了，下辈子，希望我们还能成为好友。"

当时的纳兰性德不过二十余岁，正是意气风发之时，作此诗谶，岂非不详？

八年后，再想起当时情景，令顾贞观心神大恸，为此词挥笔注道："岁丙辰，性德年二十有二，乃一见即恨识余之晚，阅数日，填此曲为余题照，极感其意，而私讶他生再结语殊不祥，何意竟为乙丑五月之谶也，伤哉！"

写毕，他潸然泪下。

第三章
淄尘京国，乌衣门第——出身相门

　　纳兰性德出身高贵、才华横溢，又仪表堂堂、气度高华，曾满足多少少女对贵公子最完美的幻想。其风采甚至跨越三百年依然不减，现在仍是很多文艺女青年口中的"白月光"，也有很多文艺、影视作品以他作为主角。

　　关于他的身世，却不只是皇亲贵胄这么简单。

　　纳兰性德，字容若，满洲正黄旗人，其父明珠以卓越的政治才能平步青云，官至武英殿大学士、太子太师，其母为觉罗氏，正是多尔衮的哥哥——英亲王阿济格的女儿，这么看来，他的出身极好，可说羡煞一众旁人，然而事实真的如此吗？

　　耀眼的贵族出身背后，却有着一段悲怆而饱含血泪的家族史：

　　纳兰性德的姓氏"纳兰"，其实归属于我们非常熟悉的满洲大姓——叶赫那拉氏。令人惊讶的是，如果要论血缘，纳兰家并非满族血统，而是蒙古族，本姓原为土默特，明朝初年时居住于如今的黑龙江省的嫩江、呼兰河、松花江一带。

　　土默特部族逐渐强大后，吞并了呼伦河畔的女真族纳兰姓部落，从此改姓为纳兰（也译作那拉氏）。在部族扩张的进程中，他们逐渐迁居至叶赫河流域，当时女真人习惯将居住地冠于氏族前，于是便有了叶赫纳兰氏，也可音译为叶赫那拉氏。

　　明末时，满族分为几大部落，其中建州女真和海西女真势力较大，叶赫那拉氏是海西女真的中流砥柱，爱新觉罗则是建州女真的盟主，两方势力互相看不顺眼，一直冲突战争不断。即使叶赫那拉部族的孟古格格嫁给努尔哈赤，生下了清朝的开国皇帝皇太极，也未改变两个部落的立场。不久后，努尔哈赤亲征叶赫那拉部落，经过一场恶战，双方死伤惨重。战争中，叶赫那拉的首领——也就是纳兰性德的曾祖父金台吉，死于努尔哈赤之手。最终，叶赫那拉部落只得含恨归降。

说回纳兰性德的母亲，其父英亲王虽然战功赫赫，却是多尔衮的亲哥哥。在清初格外惨烈的皇权斗争中，以多尔衮为首的政治势力失败后受到清算，英亲王也被顺治帝下令自尽。作为英亲王的女儿，觉罗氏一夜之间从千娇万宠的金枝玉叶，成为身份敏感的罪臣之女。

所以，纳兰性德的曾祖父死于努尔哈赤手中，他的外祖父又死于顺治皇帝之手。纳兰家族，既是与皇室有亲的满洲大族，却也与爱新觉罗氏有着剪不断理还乱的凤债。

要知道，纳兰性德出生的顺治十一年（1655 年），距离曾祖金台吉战死（1619 年），不过三十六年而已；外祖英亲王被赐死（1651 年），更仅仅过去四年。处于这样复杂，甚至有些险峻的形势下，纳兰家的境地绝不像外界想象得那样美好。

满庭芳·堠雪翻鸦

> 堠雪翻鸦，河冰跃马，惊风吹度龙堆。阴磷夜泣，此景总堪悲。待向中宵起舞，无人处，那有村鸡。只应是、金笳暗拍，一样泪沾衣。
>
> 须知今古事，棋枰胜负，翻覆如斯。叹纷纷蛮触，回首成非。剩得几行青史，斜阳下，断碣残碑。年华共、混同江水，流去几时回？

这是纳兰性德在康熙二十一年（1682 年），远赴梭龙监军时所作。这里的"混同江"代指松花江，正是叶赫那拉部落曾经的领土。他在祖先们曾驰骋奋战过白山黑水间，静静地感悟那些铁马冰河的苍凉岁月。

"蛮触"引自《庄子·杂篇》中"蛮触相争"的典故，原意为蜗牛两只触角的相互争斗，用来形容各部落斗争。而其中最惊心动魄的一场，就是叶赫那拉与爱新觉罗之间的部族血战。可无论曾经如何血雨腥风、胜败翻覆，那些鲜活的生命只化作史书上的寥寥几字，一切都随着滚滚江水逝去，而今回首思量，也早已物是人非、满目苍凉。

因父亲尼牙汉并非嫡长，未继承祖父世袭的爵位，又在诸多复杂因素的影响下，明珠年轻时起点并不太高。他的父亲只是一位包衣佐领，官阶四品，所以他也只是从宫廷侍卫云麾使做起。但是，他机敏过人又八面玲珑，不久，升迁为内务府郎中。康熙三年（1664年），而立之年的明珠便担任内务府总管大臣。所有对清朝宫廷有所了解的人，都知道这是多么荣耀而重要的位置，还是个众所周知的"肥差"，可见明珠能力之卓越。

他的官运亨通，康熙五年（1666年），明珠任弘文院学士，开始参与国政，这一下，明珠从皇室后廷走入前朝，开始了他官途真正的腾飞；康熙七年（1668年），明珠被任命参与调查淮扬水患，不久后担任刑部尚书；康熙十年（1671年），调任为兵部尚书，其管理军队的能力受到康熙的赞赏；康熙十四年（1675年），调任吏部尚书，两年后，被授予武英殿大学士，加封太子太师。至此，明珠已可以说"一人之下，万人之上"。

明珠腹内自有乾坤，多谋善虑、擅长谋划布局，在康熙亲政后，无论是平叛三藩、抵抗沙俄还是收复台湾，明珠都曾给予天子极大的支持。

纳兰性德曾在词作中，以"淄尘京国，乌衣门第"来形容自己的家世，其中"淄尘京国"指的是他长于京城繁华之地，"淄尘"二字，是说迎来送往的人太多，路面的尘土被频繁扬起，将行人的衣襟都染成了黑色。而"乌衣门第"更是了不得，乌衣所说的便是南京乌衣巷，那里曾是晋代王、谢两大名门望族的宅第，因两族子弟以着乌衣为尊，以此得名。唐代诗人刘禹锡还曾作《乌衣巷》一首，咏物怀古：

乌衣巷

朱雀桥边野草花，乌衣巷口夕阳斜。
旧时王谢堂前燕，飞入寻常百姓家。

诗人以此感慨，豪门望族无论如何昌盛，终究还是无法长盛不衰。

小小的冬郎仰望着父亲，从宫廷侍卫一路成为权倾朝野的明相，在他的心里，父亲的形象如此伟岸高大。但随着他慢慢长大，会发现父亲的升迁之路，并不只是书中描述的"治国平天下"，同样伴随着贪污受贿、蝇营狗苟；宦海浮沉，牵一发而动全身，需要步步小心，时时在意；俗话又说，伴君如伴虎，离皇帝越近，也越有登高跌重的危险。如今虽然好似"鲜花着锦，烈火烹油"，家族的未来却如被迷雾笼罩一般，看不分明。

这些困扰盘盈在天资聪颖的纳兰性德心中多年，怎么能不让心性纯良的他心生忧虑呢？

但不管怎么说，每个少年心中都藏着对父亲的钦佩，也会想象自己如何成为超越父亲的人。

对于纳兰性德来说，这条路也许要走很久。

第四章
短衣射虎，倚马挥毫——满洲本色

纳兰性德由于文名太盛，又有些多愁善感，在有些人的认知里，似乎是肩不能扛、手不能提的文弱书生。但事实上，纳兰性德本人的确是文武全才。

不知是不是因为腊月出生，纳兰性德的身体不算很好。明珠夫妇极爱长子，在遍请名医、补充各类营养的同时，还能做的，便是让孩子从小锻炼身体，增强身体素质。

纳兰性德幼年时，朝廷为巩固统治，极其重视八旗子弟骑射功夫。于是，年幼的冬郎除念书启蒙外，六岁时便要每日练习骑射，无论寒暑都不曾休息。

觉罗氏爱怜地看着冷风中正努力射靶的小小身影，在练习结束后，用温暖的大氅裹住孩子，并用手帕轻轻擦拭孩子的汗水。

"母亲，我什么时候能像父亲一样高大呢？我也想去猎场策马打猎。"

"快了，冬郎一直练习下去，再过几个春天，就像父亲一样高大，可以去打猎了，我的冬郎一定百发百中！"

觉罗氏没有哄骗儿子，《清史稿》中记载，纳兰性德"上马驰猎，拓弓作霹雳声，无不中"，他可以在飞驰的骏马上连连引弓，弓弦发出的声音如霹雳声响，射出的箭矢无一不中。

他是清初的满洲贵公子，祖先从苦寒的白山黑水中跋涉而来，入主中原的岁月还未过百载，此时的满洲人仍保留着凛冽风雪赋予他们的血性果敢。《后汉书·西羌传》中称马背上的民族"性坚刚勇猛，得西方金行之气焉"，《建州闻见录》中也记录了建州女真人的生活："女人之执鞭驰马，不异于男，十余岁儿童，亦能佩弓箭驰逐"。正是这些血性与勇敢，让他们不再沉溺于东北肥沃的土地与广袤的森林。

纳兰性德纵有多情、善感的一面，但灵魂底色仍然还是满洲人的勇武坚韧。

再者，"射"与"御"本就是"君子六艺"中的二艺，是贵族子弟必修的从政之课。《诗经·卫风·芄兰》也说："芄兰之叶，童子佩韘。虽则佩韘，能不我甲。"所谓"韘"，是当时人们钩弦的扳指，男子佩戴韘，代表着可以射箭打仗，以示成年。

孔老夫子当年也精通"御"与"射"，还曾幽默地自谦："吾何执？执御乎，执射乎？吾执御矣。"我专精哪一项技艺呢？是更擅长驾马车，还是射箭？那我选驾马车好了！

由此可见，文武双全是千百年来对君子的要求，不是饱读诗书便可以了。

对于纳兰性德来说，无论是因为继承民族传统，还是汉学儒家文化的熏陶，他一直坚持文武兼修，未敢懈怠。

值得一提的是，纳兰性德的词作中，还有这样一阕小令：

浣溪沙·一半残阳下小楼

一半残阳下小楼，朱帘斜控软金钩。倚阑无绪不能愁。
有个盈盈骑马过，薄妆浅黛亦风流。见人羞涩却回头。

其中"有个盈盈骑马过……见人羞涩却回头"两句，使一位灵巧娇媚的少女跃然纸上。最传神的是"盈盈"二字，既写出少女身姿的窈窕，也表明她轻盈无忧的心情。不禁让人想起易安居士《点绛唇·蹴罢秋千》中的名句——"和羞走。倚门回首，却把青梅嗅"。

两词虽有异曲同工之妙，对比起来，情形仍有很大不同：一位是端雅含蓄的大家闺秀，另一位却是活泼大胆的满族少女——以明末清初的社会风气，很难想象汉族淑女在街上骑马的样子，而满族少女此时还未受礼教过多束缚，既不必裹脚，也有骑马上街的自由，这份自由又何其动人！

这抹惊鸿一瞥的倩影，被纳兰性德以如此生动的笔触描绘，可见他对策马的明媚少女印象颇深。由此看来，无论是词作者，还是词中人，都浸染着浓浓的满洲色彩，不失骑射民族本色。

而纳兰性德早期所作的另一篇《风流子·秋郊即事》，则记录了与友人相约秋猎的情景：

风流子·秋郊即事

平原草枯矣，重阳后、黄叶树骚骚。记玉勒青丝，落花时节，曾逢拾翠，忽听吹箫。今来是、烧痕残碧尽，霜影乱红凋。秋水映空，寒烟如织，皂雕飞处，天惨云高。

人生须行乐，君知否？容易两鬓萧萧。自与东君作别，划地无聊。算功名何许，此身博得，短衣射虎，沽酒西郊。便向夕阳影里，倚马挥毫。

其中的"短衣射虎"，是以名将李广自比，可见纳兰性德如飞将军一般精通骑射。"倚马挥毫"则是《世说新语》中的故事，据传大将军桓温领兵北伐时，急需草拟一篇告示。随军的袁虎素有才名，被临时授命，他便倚在战马前一挥而就。古人常用此典形容才思敏捷，如唐代诗人李融有诗云："栖身未识登龙地，落笔元非倚马才"。

这首《风流子》与他最负盛名的小令风格迥然不同，口气豪情云举，有"稼轩"之风。从中我们可以看出，纳兰性德怀有经邦济世的抱负，却因没有报国的途径，才华无处施展，继而发出"人生须行乐"的感慨。

"功名何许"一句，透露着作者的无奈与伤怀。可对于早有才名，又出身名门的纳兰性德来说，功名岂不是手到擒来，为何发出如此感叹？

第五章
谁怜辛苦东阳瘦——错过殿试

不得不说，纳兰性德能成为清朝三大词家之一，家学渊源是很重要的因素。

纳兰明珠在年轻时便对汉文化极其推崇，是为数不多提倡推广汉学的八旗官员，又极爱藏书与丹青。《啸亭杂录》卷十记载："明相好书画，凡其居处，无不锦卷牙签，充满庭宇，时人有比以邺架者，亦一时之盛也"，明珠将起居坐卧之处，都摆满了书籍，以便可以随时阅读。成德自幼在这样的环境中长大，受其熏陶甚远，曾作"闲庭照白日，一室罗古今。偶焉此栖迟，抱膝悠然吟"之句，可见满架书卷极大丰满了他的精神世界。

我想，纳兰明珠眼界高远，也许他早已看出，马背上打下的江山，终究还是要靠源远流长的文化治理，所以并不像一些贵族一样轻视汉学。

除父亲为自己启蒙外，纳兰性德还有一位启蒙老师，名为丁腹松。丁腹松三十岁考取举人，虽性格孤僻，不善变通，未能做官，但耿直认真，作为先生很是称职，为纳兰性德对儒家汉学的深入学习打下牢牢的基础。

康熙五年（1666年），纳兰明珠升迁为弘文院学士，对儿子的教育更加重视，第二年，请当年的探花郎，也是翰林院编修的董讷为西席，为纳兰性德授业解惑。这位老师性格沉稳，不避强御，刚直敢为，高风亮节。在名师倾囊相授下，纳兰性德的学业更加长进。

康熙十年（1671年），纳兰性德进入太学国子监，成为监生。

国子监在清朝极受重视，毕业后的"就业机会"很多，学生时期享受的待遇也良好，最多只有三百名额，纳兰性德也是在父亲花费一番心思后，"补诸生"得以入学。

十七岁的纳兰性德通晓儒学经典，又才华超众，很快被国子监祭酒（国子监最高行政长官）徐元文注意到，对于少年英才，徐元文爱惜不已，常常向他人夸赞纳兰性德的才华，并引荐纳兰性德给自己的兄长徐乾学。

徐乾学后来成为纳兰性德的老师，两人感情深厚，亦师亦友，对纳兰性德的一生产生了深远的影响。

纳兰性德在国子监可谓如鱼得水，不久，正迎来康熙十一年（1672年）的乡试，不出所料，他顺利中举。一鼓作气之下，几个月后的会试也顺利通过，只等春闱三月的殿试，以他的才华，一举上榜本应顺理成章。

然而，意外还是发生了，一如明朝吕坤曾言："事出于意外，虽智者亦穷，不可苛责也。"再聪明的人也无法完全预料意外，这是没有办法的。

纳兰性德的寒疾正发于殿试之期，他病得极重，寒气入体，也入心。在床上饱受病痛的侵扰时，更让他辗转难眠的是心上的折磨——他错过了最重要的殿试，无缘金榜题名。

此时正值春暖花开，窗外春光正好，可纳兰性德无心赏春，原本意气风发的少年郎此时沉寂在一落千丈的情绪中。

采桑子

　　桃花羞作无情死，感激东风。吹落娇红，飞入闲窗伴懊侬。

　　谁怜辛苦东阳瘦？也为春慵。不及芙蓉，一片幽情冷处浓。

我国诗词中，写桃花者众多，而桃花吹落与伤春之情往往形影不离。此刻，纳兰性德于病榻上百无聊赖地细数春光，幸得东风有情，将娇怯的桃花送入窗内陪伴自己，使得养病的时光不致更加寂寞。

纳兰性德又叹道"谁怜辛苦东阳瘦"，自比南朝东阳太守沈约。沈约是南朝有名的美男子，又因操劳政事而日益消瘦，纳兰性德用了此典，除沈约也同样有旷世逸才外，大约也有以沈约的辛劳，来隐喻自己多年苦读的辛苦吧，一个"怜"字，流露出自伤之情。

而"不及芙蓉"，用的则是"李固芙蓉"的典故，说的是唐朝李固落榜后，曾在蜀地遇见一位老妇人。这位老妇人赠他一言，次年必在芙蓉镜下得中金榜。果然，第二年李固终于高中，而金榜上恰好写了"人镜芙蓉"四个字，李固芙蓉由此而来。

张爱玲曾说"出名要趁早"，也许对于少年天才的纳兰性德来说，这次的应试寄托了他更多的期许。他期盼着趁这次"雏凤初啼"，能在未及冠时一举高中，也是一桩佳话。所以，此次落榜对于纳兰性德的打击不小，整首词弥漫着淡淡的懊恼与惆怅。

病中，老师徐乾学为纳兰性德送来樱桃，因为放榜时正是樱桃成熟的时节，自唐朝起，便有以樱桃宴庆贺的习俗。他心里明白，这是老师在安慰勉励自己，于是提笔写下《临江仙·谢饷樱桃》答谢老师。

临江仙·谢饷樱桃

绿叶成阴春尽也，守宫偏护星星。留将颜色慰多情。
分明千点泪，贮作玉壶冰。

独卧文园方病渴，强拈红豆酬卿。感卿珍重报流莺。
惜花须自爱，休只为花疼。

词中因"守宫""红豆""惜花"等意向，很多人将其归类于爱情词，甚至认为此词证明了纳兰性德有一位求而不得的恋人。实际上，以男女之情抒情明志，是古人常常采用的表达方式，无论是君臣、知己、兄弟、师生，都有大量的作品可以佐证，如张籍的名句"还君明珠双泪垂，恨不相逢未嫁时"，乍一看仿佛写男女之情，却是在委婉地表达自己的政治立场。

而《临江仙》所题"谢饷樱桃",就已经给了我们答案。在古代,"饷"用来表示长者赠送之意,而且带有亲密的感情色彩,不着重强调尊卑关系,否则就要考虑用"赐"来表达了。题目中已很清楚地表明,有一位尊敬的长辈赠送了樱桃,所以纳兰性德作词以表感谢。据考证,当时"饷"纳兰樱桃的长辈,最有可能就是他的老师徐乾学。

除此之外,纳兰性德还做了一首七律,来表达对友人高中金榜的祝福,也有对自己错过殿试的遗憾:

幸举礼闱,以病未与廷试

晓榻茶烟揽鬓丝,万春园里误春期。
谁知江上题名日,虚拟兰成射策时。
紫陌无游非隔面,玉阶有梦镇愁眉。
漳滨强对新红杏,一夜东风感旧知。

无论是诗中用典,还是"误春期"等措辞,纳兰性德很直白地表达了对因病未试的遗憾。"兰成"是南北朝时著名诗人、文学家庾信的小字,他"幼而俊迈,聪敏绝伦",且有报国济世之心,只是晚年仕途失意、飘零乱世,纳兰性德以他自比,也是抒发与功名失之交臂的感慨。

诗句中的"万春园"则是引用了一个相对罕见的典故,在纳兰性德的著作《渌水亭杂识》里有所提及:在元代,新科进士在登第宴会后,会在京城的海子边聚会,这里就被称为万春园。元代翰林宋显夫以"临水亭台似曲江"描绘此地,可惜具体地点目前已不可考。

不过,三年之后还有机会。稍作惆怅后,纳兰性德还是打起精神,重振旗鼓。

只是,现在他还不明白"世异事变"的道理,形势无时无刻不在变化,一时错过,便可能是永远错过。

卷二一　我是人间惆怅客

第一章
更依衡泌建萧斋——通志堂落成

无论如何，现在的纳兰性德已有功名，已达成古往今来多少读书人梦寐以求的成就，何况他此时还如此年轻，仅有十九岁而已。

这时是康熙十一年（1672年），命运的齿轮开始悄悄转动。

此时，另一位未来与纳兰性德交情不浅的好友曹寅，正值十五岁，同样于顺天府乡试。可见，无论是八旗子弟还是包衣世家，考取功名仍然是一条很值得尝试的上升通道。曹寅此次成功中举，后来却未能再考，而是走了八旗子弟另一条常规的发展路线——被康熙皇帝选为侍卫。

而这次顺天府乡试的主考官之一，正是"昆山三徐"中的徐乾学。

徐乾学，字原一，号健庵，是清朝极有名望的学者、官员，授翰林编修，先后担任日讲起居注官、《明史》总裁官、侍讲学士、内阁学士，深得康熙皇帝常识。他的名字我们或许不太熟悉，但他的舅舅，便是说出"天下兴亡，匹夫有责"的著名思想家顾炎武。顾炎武自认为明朝遗民，坚决不肯出仕。但在他的精心教导下，徐乾学、徐秉义均考中康熙朝的探花，徐元文则是顺治朝的己亥科状元。徐家还建造了贮书若千万卷的藏书楼"传是楼"，在中国藏书史上有极重要的地位。因三兄弟都成为名闻天下的大儒，顾炎武又默许他们为清廷所重用，徐家一时文名远播，获誉"一门三鼎甲""昆山三徐"，备受天下读书人的敬重。

乡试放榜后，按照习俗，举子都要参加鹿鸣宴，这是自唐朝便有的风俗。《通礼》中记载："顺天乡试揭晓翼日、燕主考、同考、执事各民及乡贡士于顺天府，曰鹿鸣燕，以府尹主席。"因在席间将演奏

《诗经·小雅》中的《鹿鸣》之曲，众举子随后朗读《鹿鸣》篇得名。

"呦呦鹿鸣，食野之苹。我有嘉宾，鼓瑟吹笙。"绿意如织的原野上，飘来轻柔动听的鹿鸣声，是它们在邀请附近的同伴，一同来享用美食的祥和场景。举办此宴，正彰显着浩荡的皇恩和对人才的器重。文学家韩愈在《送杨少尹序》中曾描述过这样的场景："杨侯始冠，举于其乡，歌《鹿鸣》而来也。"

这次宴会，应该是师徒二人第一次正式会面。当时所有举子都穿着统一的青衫，但徐乾学一眼便在人群中注意到这位风姿娴雅的少年，果然如三弟徐元文曾对自己夸赞的那样——"非常人也"。在多年后，徐乾学撰成德《墓志铭》时，仍然清晰地记得当时的场景："举顺天乡试，余忝主司，宴于京兆府，偕诸举人青袍拜堂下，举止闲雅。"

作为"天姿超逸"的少年才子，纳兰性德心中自有一杆秤，对于当时科考的学子称呼主考官为"老师"的行为并不赞同，认为那不过是求名利的手段而已。他只对德、才、文三者俱备的"老师"敬服，也非常盼望能有一位在"学术、文章、道德"上作为榜样，还能给予自己指导的老师。对于大儒徐乾学，他钦慕已久。

三日后，他递交拜帖，迫不及待地到徐乾学府邸拜谒。此次会面自然少不了一番长谈，徐乾学问起经史起源和文章风格演变等问题，纳兰性德均成竹在胸、对答如流，令有心考教的主考官极为惊讶，赞叹这位贵公子的学识"老师宿儒亦有所不及"。

要知道，虽然天资聪颖、敏捷多才令人艳美，但刻苦用功才是做学问最需要的品质。此时，徐乾学赞赏的并不是纳兰性德"天然性灵"的才华，而是普通文人亦不能拥有的知识储备，这证明这位十七岁的少年，在平日读书时定然超乎常人地刻苦。

在考教学问的过程中，纳兰性德也深深地被学识渊博、待人亲切的徐乾学折服，徐乾学为他讲道："六经之微旨，润之以诸子百家之芬芳，且勉以立身行己之谊。"谈笑间，徐乾学想起纳兰性德既有如此高绝的天资，父亲明珠又是炙手可热的高官，未来前途定然不可限量。于是话题一转，赠纳兰性德"为臣者贵有勿欺之忠"一言。纳兰性德恭敬应是，心服首肯，回家后在印章上刻下"勿欺"二字，时时带在身上，引以为戒。他以一生践行这枚方章所写，好友梁佩兰赞他"举以待人，无事不真"；但也正因为"真"，他承受了更多的苦楚，甚至成为"多病"的源头。

总之，这次会面宾主皆欢，二人相见恨晚。回去后不久，便写下《上座主徐健庵先生书》，其中一段将自己快活的心情写得尤为生动："由是入而告于亲曰：'吾幸得师矣！'出而告于友曰：'吾幸得师矣！'即梦寐之间，欣欣私喜曰：'吾真得师矣！'"

我一回家便兴奋地告诉父母，我幸运地有了一位好老师；出门去找到朋友说，我竟然能幸运地有一位这么好的老师；甚至我在做梦的时候，还在忍不住高兴地想着，我真的有了一位好老师！

年轻的纳兰性德眼中，徐乾学写文章的功力不弱于唐宋八大家中的韩愈，学问与道德修养传承自宋朝的理学大家程颐、程颢与朱熹，无论是文章、学问还是道德，都如此出类拔萃，这样的人成为自己的老师，如何让他不"沾沾自喜"？

这份欣喜溢于言表，纳兰性德丝毫不加掩饰，恨不得向全世界宣告他有了一位德高望重、学识渊博的老师，而徐乾学也的确成为他人生道路上非常重要的导师。后世有不少人认为，徐乾学收纳兰性德为弟子并倾囊相授，是为了向当时正青云直上的明珠示好。的确，徐乾学正因成为纳兰性德的老师，并对其关爱有加，才得到明珠的青眼相看，成为明珠政治集团的骨干，在明珠与索额图后来的权力斗争中，徐乾学也担任了重要的角色。

但客观来看，徐乾学确实对纳兰性德有着真心的欣赏与爱护。作为一代大儒，遇见可造之材的青年才俊，怎会无动于衷？徐乾学多次公开表明，在他所有的学生中，天资最高绝、学养最渊博、才智最敏捷的便是纳兰性德。而在纳兰人生的重要节点，这位老师都起到了至关重要的作用。

比如，在他陷入落榜的惆怅时，正是徐乾学为他送来珍贵的"樱桃"，宽慰他再接再厉；允许他每月三、六、九日，到自己府上"讲论书史"；也正是在徐乾学的引荐下，纳兰性德打开了江南文人的"社交圈"——这对于当时的贵族来说是不可多得的机会，结交了如姜西溟、严绳孙、高士奇、朱彝尊等文人雅士，还有他的知己挚友顾贞观和"岁寒三友"之一的张纯修。最重要的是，在徐乾学的影响与引领下，纳兰性德还未弱冠时，就开始参与一项"国家重大科研"项目——这是纳兰性德之前完全不敢想象的事情！

第二章
斩木起炎州——三藩乱起

1673年，清初政局风云变幻的一年。

这一年，明珠从左都御史调任为兵部尚书，上任后面对的第一件、也是最重要的一件事，便是三藩与中央的矛盾，这一矛盾已到了不容忽视的地步。

如果读过金庸先生的《鹿鼎记》，或者看过同名电视剧，那么你对"吴三桂"这个名字一定不陌生。吴三桂、尚可喜和耿仲明（耿精忠的祖父）三人原为明朝官员。在明末清初时，他们投诚清朝，并转而清剿农民起义与南明政权，为清朝立下汗马功劳，因而被封为藩王。"冲冠一怒为红颜"的故事，也发生在这一时期。

在清朝刚建立之时，满洲贵族的政权面临着诸多矛盾：内有封建集权高度统一与四辅臣制度（如鳌拜等政治集团）的冲突；外有仍具号召力的南明政权、层出不穷的农民起义、未能统一的台湾等不稳定因素。即使满洲八旗铁骑全为精兵猛将，他们也有最大的弱点——兵源有限。早年四方征战中难免折损不少兵力，到顺治年间，满洲八旗不过五万多人，加上蒙军旗以及汉军旗，最多不过二十万人。因此，他们不得不借助以吴三桂为首的"三藩"来镇压鞭长莫及的西南、华南以及东南地区。

平西王吴三桂，世代镇守云南，并管辖贵州；平南王尚可喜，世代镇守广东；靖南王耿精忠，远镇福建。到康熙帝铲除鳌拜党羽、真正亲政时，三藩借着"天高皇帝远"的地利之便，已在当地发展至盘根错节的地步，几乎成为独立的小王国。他们拥有自己的军队，对当地官员有任免权，掌握地方税赋，甚至有铜矿，可以铸造自己的钱币，却不肯向朝廷纳税。与此同时，每年朝廷还要消耗巨大的税赋为三藩提供补贴（最多时达到国家税收的三分之二），对清政府形成了巨大的负担。

此时的纳兰性德还只是一位纯粹的读书人，而他的表哥——康熙皇帝已经在为整个国家的治理殚精竭虑。自十三岁起（亲政后），康熙便将三藩及河务、漕运作为三件大事，不仅写下并挂在宫中的柱子上，而且日夜思考解决办法。

正值年轻气盛的康熙皇帝深知"卧榻之侧，岂容他人鼾睡"的道理，熟读经史的他亦深刻了解藩王对中央政权的巨大威胁。但朝中反对撤藩的朝臣居多，其中以弘文院大学士图海、索额图等人为首，他们的担心不无道理：加强中央集权固然重要，但三藩久据众省，兵力充足。政局刚安定不久，国力尚未完全恢复至足以支撑长战线的大型战争。此时若撤藩，很容易引起三藩势力的反扑，极有可能复现西汉七国之乱。朝堂上，只有户部尚书米思翰、刑部尚书莫洛等少数人主张撤藩。纳兰明珠在仔细揣度天子心思后，终于决定旗帜鲜明地支持年轻皇帝，这是他政治生涯中重要的一次豪赌。

朝堂上的双方争论不休，各有道理，一时间局面僵持不下。

是年三月，尚可喜以年迈为由，第十一次递交申请归老辽东的奏折，康熙皇帝借此应允了尚可喜的撤藩奏请；七月，吴三桂为试探清廷态度，假意联合耿精忠一起上奏折请求撤藩。很多大臣看出这是投石问路之计，劝阻康熙，但年轻的天子认为这恰恰是撤藩的好机会。且吴三桂的独子吴应熊正在北京作为"人质"，可以牵制吴三桂的异动，于是同样应允撤藩。

不久，吴三桂诛杀忠于清朝的云南巡抚朱国治，发布檄文，正式向清廷宣战，声称自己这些年只是忍辱负重，韬光养晦，只为了将崇祯皇帝的三太子抚养成人。他声称自己将"兴明讨虏"，与耿精忠、尚之信等人联合举兵，一时间，天下哗然，平静的局面迅速被打破，南方出现了多处响应举兵的势力。

主战派和主和派在朝堂上再次激烈地争执起来，其中主和派的索额图等人甚至提出铲除支持撤藩的明珠。这段时间，明珠府上大批访客行色匆匆，以至于在家专心读书、对政局了解不多的纳兰性德，都能轻易从这种局面下感受到空气中的不安。

一日，明珠下朝的时间比平时晚了许多，回家后面色凝重，异常沉默。纳兰性德上前关心，父亲沉吟许久，挥笔写下两首诗，递予长子：

绝命诗

城社丘墟不自由，孤灯囚室泪双流。
已拼一死完臣节，肠断江南亲白头。

殉难诗

反复南疆远，辜恩逆丑狂，
微臣犹有舌，不肯让睢阳。

纳兰性德被字里行间扑面而来的血泪与誓死的决心震撼，一时竟不能言语，只听得父亲缓慢低沉地讲述这两首诗的缘由。

诗作者名为刘钦邻，是顺治十八年（1661年）的进士，因任授官为广西富川的知县。当吴三桂的叛军行至富川，他带领四十余名家丁抵抗叛军，终因寡不敌众被擒。出于收买人心的目的，叛军以高官厚禄相许，被刘钦邻当面怒斥"无君无父"。而后，刘钦邻在狱中留下这两首绝命诗，趁叛军不备，自缢殉国。

这是纳兰性德第一次深刻地感受到，曾在史书中触摸的忠君与反叛、战争与伤亡的文字不再冰冷，从书中走了出来，如此真实而惨烈。刘钦邻尽忠报国，得以留下这两首激昂的绝命诗，慷慨赴死，但还有更多的百姓被迫卷入这场巨大的灾难中，难以想象战火燃过之地是何等哀鸿遍野。

不久，纳兰性德问出心中盘桓已久的问题："阿玛，我知您是力主撤藩的，可如果再晚几年，会不会……"

明珠叹气道："你该知道晁错的《削藩策》中是如何写的。"

"今削之亦反，不削亦反。削之，其反亟，祸小；不削，其反迟，祸大。"纳兰性德默诵后点头：

"您是对的。"

只是，纳兰性德敏锐地意识到，父亲也被推到了晁错的境地：晁错向汉景帝进言藩王掌权的弊处，受到景帝的赞赏与重视，但当天子真的下令削藩，藩王联合叛乱时，晁错又是第一个被牺牲的人——他甚至是毫无准备地在去上朝的路上被行刑。

如今战乱已起，这让纯孝的纳兰性德更加担心父亲的处境。看出儿子的忧心，明珠反而缓了神色，安慰道："你不必过于担心，当今圣上天纵英明，不会如景帝一般；而且，即使景帝杀了晁错，七国之乱也并未平息，反而让叛军更加轻视中央。"

纳兰性德心下稍安，战争已不可避免，而如刘钦邻这样抗击的决心与报国的忠心却是极难能可贵的，他也必须为父亲做些什么。如此想，他胸中有热血沸腾，当晚便写下长诗：

挽刘富川

人生非金石，胡为年岁忧？
有如我早死，谁复为沉浮？
我生二十年，四海息戈矛。
逆节忽萌生，斩木起炎州。
穷荒苦焚掠，野哭声啾啾。
墟落断炊烟，津梁绝行舟。
片纸入西粤，连营候相投。
长吏或奔窜，城郭等废丘。
背恩宁有忌，降贼竟无羞。
余闻空太息，嗟彼巾帼俦。
黯澹金台望，苍茫桂林愁。
卓哉刘先生，浩气凌斗牛。
投躯赴清川，喷薄万古流。
谁过汨罗水，作赋从君游？
白云如君心，苍梧远悠悠。

全诗气韵一气呵成，酣畅淋漓，"穷荒苦焚掠，野哭声啾啾"描写了战争的惨烈；"卓哉刘先生，浩气凌斗牛"大大赞扬了刘钦邻宁死不屈的气节；"背恩宁有忌，降贼竟无羞"则是对投降之人的痛骂。

纳兰性德天性悲悯至纯，他进一步想到，既然战争已经爆发，天下自然会出现无数个"刘富川"的悲剧，也会有无数家庭破碎。他回忆起杜甫笔下的"万国尽征戍，烽火被冈峦。积尸草木腥，流血川原丹"，这样的场景似乎又将重现。这天下才安定了几年？真是"兴，百姓苦；亡，百姓苦"。

他思绪纷飞，愁绪如麻，挥笔疾书写下力透纸背的《记征人语》组诗。诗中有"征人自是无归梦，却枕兜鍪卧听潮"的征人思乡之情，有"青磷点点欲黄昏，折铁难消战血痕"的殊死恶战之景，还有"战垒临江少落花，空城白日尽饥鸦"的战后荒芜之状，以及"一夜寒砧霜外急，书来知有寄衣无"的家人牵念之苦。

还有一首《南乡子·捣衣》，十分细腻传神，正是为那正在家中牵挂征人的家人而作：

南乡子·捣衣

鸳瓦已新霜，欲寄寒衣转自伤。见说征夫容易瘦，端相。梦里回时仔细量。

支枕怯空房，且拭清砧就月光。已是深秋兼独夜，凄凉。月到西南更断肠。

"长安一片月，万户捣衣声"，千百年来，月下捣寒衣的场景从未改变。如今征人远行，天涯路远，女子只能以寒衣寄送自己的一片牵挂之情。为何"欲寄寒衣转自伤"？那是因为听说征人受苦憔悴，唯恐寒衣不合身，细细再量尺寸，梦里也还在惦念着这件事。这份愁肠百转与幽怨被层层写来，惟妙惟肖，其幽怨凄凉之情令人不忍再读。

无论人们对战争如何憎恶，对和平如何渴求，天下，还是乱起来了。

第三章
恰与花神供写照——秋水轩唱和

在纳兰性德十七岁这年，还发生了一次足以载入中国词史的盛事，连正在国子监"两耳不闻窗外事"备考的纳兰性德都有所耳闻——那便是秋水轩唱和。

秋水轩原为经学家孙承泽的一所别墅，坐落于北京西郊，其周围景色秀美，远眺可望见西山的苍郁，近观可赏清流垂柳之雅致，令人"恍在江湖旷朗之境，而忘其为京师尘土之乡也"。因孙承泽与周亮工、龚鼎孳等人为好友，亮工之子周在浚在京城时便暂借住在秋水轩，而周在浚文名在外，一时引来诸多名公贤者相聚宴饮啸咏。其中一位，便是清初有名的词人曹尔堪。

曹尔堪，字子顾，号顾庵，浙江嘉兴籍，顺治九年（1652年）进士。其人博学多闻，擅诗词书画，为柳州词派（清初三大词派之一）盟主，词风清丽雅逸，与山东的曹贞吉并称"南北二曹"。曹尔堪是推动清词发展的中兴力量，一生曾发起过三次影响深远的唱和，清代邓汉仪评价这三次唱和为"眼底一场春梦，笔端万斛明珠"，可见其影响力。

某次雨夜宴集时，曹尔堪"见壁间酬唱之诗，云霞蒸蔚"，又想起自己因江南奏销案所陷害下狱的旧事，心中大有所感，题《贺新凉》一词。

贺新凉·雪客秋水轩晓坐，柬檗子、青藜、湘草、古直

淡墨云舒卷。旅怀孤、郁蒸三伏，剧难消遣。秋水轩前看暴涨，晓露着花犹泫。

　　贪美睡、红蚕藏茧。道是分明湖上景，苇烟青、又似耶溪浅。留度暑、簟纹展。

　　萧闲不美人通显。笑名根、膏肓深病，术穷淳扁。衮衮庙牺谁识破？回忆东门黄犬。

　　沧海阔，吾其知免。埋照刘伶扬酒德，倒松醪、好把春衣典。词赋客，烛频剪。

　　上半阕"秋水轩前看暴涨，晓露着花犹泫"，流水涨落、花容易变，既是赏美景，也是叹世事沉浮；下半阕引用庄子拒官、李斯"东门黄犬"的典故，抒发对官场斗争的厌烦与看透世情后优游山林的豁达。

　　后来，龚鼎孳、纪映钟、周在浚等人见到此词，纷纷击节叹赏，并依韵唱和。步韵写诗填词颇有难度，需要使用的词牌完全依照原作的韵脚，是和诗中最难的一种。但于士林文人而言，步韵既有社交性质，又有风雅格调，还掺杂着一些"不肯输人"的心态，所以甚受欢迎。后来，参与"秋水轩唱和"的人越来越多，"一时词客，藻制如云"，俨然登上当时文人圈的"热门活动榜首"。曹尔堪大概没有想过，以他这首词为引，竟然使得康熙初年文坛风气焕然一新！

　　这场盛会如石子入湖，引起的涟漪波澜不绝，早已不仅仅是文人之间的切磋笔墨，更重要的是，唱和为明末清初的文人提供了一个宣泄情绪的出口。参与的词人中，有不与清廷合作的明末遗民（如纪映钟），有明清两朝为官的官员（如龚鼎孳），也有仕途不顺的落魄文人（如徐倬）。他们的身份虽然各不相同，填词并没有采用同样的主题，词作却有着默契的底色——他们有着在同样时代背景下的苦痛挣扎以及对超脱的寻求。

　　当时正值朝代更迭的洪流中，大多数文人头上笼罩着"田则尽归于富人，无可耕也"的阴影，同时又对清初高压统治充满着抵触情绪。一些文人在当时已接受江山换代这不可更改的现实，他们有亡国之痛，却不得不屈从于家族、个人的未来前途而入朝为官，这令他们心怀愧疚，是一种挥之不去的心理折磨。且这种复杂的心绪不能脱口而出，只能极其隐晦地在他们的作品中表达出来。清代赵翼曾有诗句"国家不幸诗家幸，赋到沧桑句便工"，说得极妙，正是因为他们有此"国破家亡"的痛苦，清词才在沉寂多年后获得了一次复兴的契机。"秋水轩唱和"则给了这些文人一个光明正大的机会，使得"辇毂诸公"相聚，将平日不能轻易宣之于口的情绪汇成慷慨激昂的诗词，令时代听到这振聋发聩的文人心声。

纳兰性德原本便喜爱读词，他的书房名叫花间草堂，名中包含着两部著名的词籍：一是后蜀赵崇祚编的《花间集》，收录韦庄、温庭筠等花间派词人的作品；二是南宋人何士信编写的《草堂诗余》，编选宋词与部分唐五代词。后来，浙西词派的领袖朱彝尊在汇编历代词人作品集时，还曾向性德借阅誊抄过词籍，可见纳兰性德词类藏书有多么丰富。所谓"诗言志，词言情"，作词在当时并不是"正经事"，多为文人休闲的雅趣，还在国子监读书的纳兰性德只是读得多，有时自己即使写了，也很少示人。

此时，年轻气盛的纳兰性德，面对这么多的"心骨俱清""纵横排宕"的好词，简直大喜过望，每得到一篇新的"和词"，都会如饥似渴地研读，在词作方面的进步可谓一日千里，他已按捺不住跃跃欲试的心了，十七岁的少年才子，正兴致勃勃地期待小试牛刀一番。

他之所以如此迫不及待，是因为他不只为这些士林文人的才华倾倒，更是被这些词句底下所蕴含的巨大能量深深吸引，这并非才华的功劳，而是经历世事打磨的沉淀。他虽然从小在儒学中浸染，但毕竟还是在满洲贵族家庭中长大，与社会有一定的脱离。而这次盛会给了他一次机会，让他可以近距离地接触当代的士林文人，听到他们发自肺腑的感慨悲音。

他虽然自小生活于积玉堆金之家，但天性聪慧灵透，竟然深入这些纷繁的词境中，抽丝剥茧地理清不同作者的不同心境，从而提炼出了相同的愁绪。联想至自家身上，他也在这愁中揣度出些许不一样的滋味来——时代的车轮滚滚向前，没有人能全身而退。纵使他的家族现在声势烜赫，锦绣之下也遗留着战争带来的隐痛。这隐痛印在他的灵魂里挥之不去，不久后，随着笔墨肆意地流淌出来，"清初第一词手"的盛名逐渐形成。

秋水轩唱和促成了纳兰性德一次重要的成长，他开始学会打开自己，不再拘泥于少年人如象牙塔般的小天地，只关注自身的喜怒哀乐，而是直面真实的生活与时代，认真聆听江南失意文人的穷通得失，他深刻地体会到何为"感同身受"。从了解到熟悉再到理解，纳兰性德对汉人文士亲切感大增，为他日后帮衬时乖命蹇的诸多失意文人，乃至谱写了"绝塞生还吴季子"等佳话暗暗埋下伏笔。

金缕曲

疏影临书卷。带霜华、高高下下，粉脂都遣。别是幽情嫌妖媚，红烛啼痕休法。趁皓月、光浮冰茧。恰与花神供写照，任泼来、淡墨无深浅。持素障，夜中展。

残缸掩过看逾显。相对处、芙蓉玉绽，鹤翎银扁。但得白衣时慰藉，一任浮云苍犬。尘土隔、软红偷免。帘幕西风人不寐，怎清光、肯惜鸲裘典。休便把，落英剪。

此篇主题原为吟咏白菊，然而细加品味，"恰与花神供写照，任泼来、淡墨无深浅""持素障，夜中展"等句，恰好揭示了白菊实为画中景，出自丹青妙手之笔。"残缸掩过看逾显。相对处、芙蓉玉绽，鹤翎银扁"更是表明，赏画者在昏暗灯光下观赏，其花影犹如出水芙蓉、鹤翎般清晰。全词未尝直言"菊"字，而"疏影""霜华"等词，均在赞颂白菊超凡脱俗的高洁，亦隐约透露出纳兰对尘世的不耐、追求超然之志。本篇意境清幽，词风淡雅，兼具少年人的洒脱，虽不免带有"为赋新词强说愁"的稚气，却已是一次成功的唱和。周在浚将其收录于二十六卷的《秋水轩唱和词》中，自此，纳兰性德进入词坛大众的视野。

金缕曲·再赠梁汾，用秋水轩旧韵

酒浣青衫卷。尽从前、风流京兆，闲情未遣。江左知名今廿载，枯树泪痕休泫。摇落尽、玉蛾金茧。多少殷勤红叶句，御沟深、不似天河浅。空省识，画图展。

高才自古难通显。枉教他、堵墙落笔，凌云书扁。入洛游梁重到处，骇看村庄吠犬。独憔悴、斯人不免。衮衮门前题凤客，竟居然、润色朝家典。凭触忌，舌难剪。

多年之后，纳兰性德成为一代词坛巨擘之际，再度提笔赋就了一首同韵的《贺新凉》，以赠知音顾贞观，慰藉时运不济、遭受宵小排挤的知交。那首词，就像是对多年前这场词坛狂欢的一笔结尾，两首词穿越时空，彼此辉映。

第四章

车载图书事最佳——《通志堂经解》

　　纳兰性德从寒疾中完全康复后，便迫不及待地要投入新阶段的学习中。按照与徐乾学老师的约定，他每月三、六、九日，到徐府上"讲论书史"。徐乾学居住在北京外城的绳匠胡同，在这里修建了名为"碧山堂"的书堂。这里书卷满架，常常有文人聚集，《明史》《大清一统志》及《资治通鉴后编》等修撰活动也都是在此处完成。

　　徐乾学的藏书之丰天下闻名。昆山家中书楼"传是楼"所藏珍卷数不胜数，规模堪称吴地第一，可与天下第一藏书楼"天一阁"相提并论。史学家万斯同评为："东海先生性爱书，胸中已贮万卷馀，更向人间搜遗籍，真穷四库盈其庐"，清代散文家汪琬还曾留下《传是楼记》的经典美文。京城中的碧山堂虽然不及传是楼藏书之丰富，却也可称得上积案盈箱、浩如烟海。纳兰性德在此看书后，回家发出感慨："承示宋元诸家经解，俱时师所未见，某当晓夜穷研，以副明训。"可见徐家的藏书何其丰厚。

　　纳兰性德流连于书海之中，不知疲倦地阅读典籍。这时，他才真正理解庄子那句"吾生也有涯，而知也无涯。以有涯随无涯，殆已！"生命是如此有限，可是需要学习了解的知识却那么多，只恨自己不能长长久久地读下去。

　　虽然纳兰府中也有不少藏书，也建有"穴砚斋""自怡园"等藏书楼，但毕竟明珠只是在仕途开始腾飞之际，才开始收藏书籍，远不如徐家累世书香的底蕴。纳兰性德将"花间草堂"扩建，并改名为"通志堂"，取自《易经·同人》第十三："文明以健，中正而应，君子正也。惟君子为能通天下之志。"持身甚正，公而无私，这是君子的品性，所以君子可以做到沟通天下人的意志，这也正与他的名字"成德"相和。

当通志堂终于落成，纳兰性德挥笔写下一首七绝，来纪念这件对自己意义重大的事情：

通志堂成

> 茂先也住浑河北，车载图书事最佳。
> 薄有缥缃添邺架，更依衡泌建萧斋。
> 何时散帙容闲坐，假日消忧未放怀。
> 有客但能来问字，清尊宁惜酒如淮。

"薄有缥缃添邺架，更依衡泌建萧斋。"虽然已经拥有了书斋，可是其中藏书还远远不能将书斋装满。性德看过老师徐乾学的碧山堂后，见识了真正儒学大家的书房的样子，羡慕不已，也期盼着自己能拥有更多的藏书。

纳兰性德除了自己在京城中多方游走寻找外，还拜托友人秦松龄、朱彝尊代他广为收购更多的藏书。在搜集藏书的过程中，朱彝尊发现"雕版漫漶不清，抄本讹误尤多"，很多经典在岁月中因各种各样的原因失传，这是多么令人遗憾的事情！

因此，纳兰性德逐渐萌生出了一个想法：本朝以来，还未有一部归纳、阐释儒家经典的丛书，如果能有这样一部巨著流传下去，岂不是利国利民的好事？他知道，这件事很难，需要极强大的财力支持、极珍贵的藏书资料支持，还要有很多志同道合的饱学之士一起努力，绝非一时之功，也不一定能在短期内获得什么功利性的好处。

正因困难重重，才更显其价值，更激发了纳兰性德的决心。在与父亲沟通后，他向老师徐乾学表达了自己的想法。尽管心中有些忐忑，他的提议却意外获得了徐乾学的大力赞赏，并得到了老师在实际行动上的极大支持。

徐乾学，这位豁达的读书人，曾言："若业为吾所有，必高束焉，庋藏焉。"他深知，若仅将知识视为私藏，那些前人留下的珍贵智慧极有可能在未来失传。历史上，这样的例子难道还少吗？徐乾学事务繁忙，虽有心却无力，此刻自己的学生提出这样的想法，让他感到无比欣慰。

康熙十二年（1673年）五月，纳兰性德全身心地投入《经解》这一"学术项目"中。作为主创团队中的重要一员，他不仅负责自己的编纂工作，还承担着多方组织联络的重任。父亲明珠在物质方面鼎力支持，据说曾"畀徐健庵尚书费资四十万金"；徐乾学则是纵览全局的总指挥及技术指导，无私地分享了自己全部的藏书。纳兰性德在总序中感慨道："座主徐先生乃尽出其藏本示余小子，余且喜且愕，求之先生，钞得一百四十种，请捐资经始，与同志雕版行世"；秦松龄、朱彝尊、严绳孙等友人也付出了大量时间精力，一同参与抄录、汇总、校对等实际工作。

在所有人全力以赴的努力下，耗费数年，这部共计一千八百六十卷，收录自唐代至清代的一百四十六种经解，以宋、元儒家说经之书为主的《通志堂经解》终于完成。这部书保存了大量珍贵的经说与底本，它的完成，让纳兰性德在"主流"文人圈中获得了认可，并非因他的诗词造诣，而是这部卷帙浩繁的经解。这部书也成为后人研究经学的重要参考典籍。

纳兰性德为此书付出了大量心血，他四处搜集购买不同版本的经解藏书，通过阅读比较，择优而录之；并为此书撰写了六十余篇序、跋，其中不仅介绍了经解作者、内容和流派渊源，还包括了纳兰性德自己对于经解的理解和评论等内容。尽管纳兰性德署名此书，但他始终坦诚地表示此书是"与同志雕版行世"的成果。在《合订大易集义粹言》序中，他写道："书成，请正于座主徐先生，先生曰善，命梓之，附诸《经解》之末。"这"荟萃诸家，典瞻赅博"的巨著，不仅有着极高的学术价值，更是同道文人们齐心协力、心血凝结的宝贵成果，其更加难能可贵。

清初诗人梁佩兰在好友纳兰性德逝世多年后，曾作长诗以缅怀，其中两句追忆编写《通志堂经解》时众人相聚的场景，尤为感人：

题顾梁汾所藏楞伽山人遗迹寄纳兰侍读恺功
（节选）

吁嗟斯人不可见，流光倏忽如虹电。
回忆从前十九年，通志堂中集名彦。

后来，乾隆皇帝对《通志堂经解》给予了极高的评价，称赞其"是书荟萃诸家，典瞻赅博，实足以表彰六经。"因此，他下令馆臣补刊订正，并以《通志堂经解》为底本编修《四库全书》，用以"嘉惠儒林"。然而，乾隆却对纳兰性德的贡献持否定态度，认为其冒领徐乾学之功，是沽名钓誉之辈。这一判断似乎带有个人情感色彩。

纳兰性德的弟弟在"九子夺嫡"中支持了八皇子，这使得雍正对纳兰家并无好感。雍正继位后，纳兰性德的后人揆叙被追夺官职并削去谥号，甚至其墓碑上还被刻上了贬损之词。同时，雍正朝权势显赫的将领年羹尧，娶了纳兰性德的孙女。雍正对纳兰家的态度，间接影响了乾隆的看法。由于皇帝对纳兰家不喜，导致调查并未深入，而是迎合乾隆的心思给出了有偏差的答案。

实际上，根据《通志堂经解》成书时多位文人的留字互相佐证，可以认为乾隆对纳兰性德的论断并不公正。这部作品不仅是纳兰性德学术追求的体现，还是他与众多文人共同努力的成果，其学术价值和历史意义不容忽视。

第五章
问人生、头白京国——送别老师

在那段纯粹的时光中，纳兰性德让自己全身心投入《通志堂经解》的编纂工作中。实践是学习的最好方法，又有名师指导，他如饥似渴地投入经学研究中，学问突飞猛进。

然而，好景不长，在康熙十二年（1673年）的秋天，有人弹劾徐乾学、蔡启僔主考的乡试不公。理由是在选拔人才时，只以才华论处，未按规定在副榜中留取汉军试卷。这与现代高考中每个省都有一定的录取名额相似，如果只论分数，教育资源优越的省份被录取的学生一定远多于其他地区，这其实是另一种不公平。但那一科确实"得士最盛"，韩菼、翁叔元、王鸿绪、徐倬、曹寅等才子均榜上有名。

正是由于徐乾学看重能力而非出身，他在被黜落的试卷中，挑出韩菼的文章，将其点为乡试榜首。这使得韩菼有机会成为清朝第十四位状元，也是清朝开国以来首位连续在会试和殿试中夺魁的士子。后来，韩菼被任命为翰林院修撰，官至礼部尚书兼翰林院掌院学士。康熙皇帝亦曾召他入弘德殿，进讲《大学》，主纂《孝经衍义》，称赞其文章古雅，为旷世之才。这一系列事迹证明了徐乾学确有识人之明，一时曾被引为美谈。

只是，二人到底没有按照朝廷的规定进行人才选拔，被弹劾贬官理所当然。蔡启僔因此回乡，同时为母丁忧。因他平时为人恬淡谨慎，朝中有许多人为他此遇不平，作了许多诗词相送，而纳兰性德此次送别之作传唱最广，水准也高，在他的长调作品中极富代表性：

摸鱼儿·送座主德清蔡先生

问人生、头白京国，算来何事消得？不如罨画清溪上，蓑笠扁舟一只。人不识。且笑煮、鲈鱼趁著菰丝碧。无端酸鼻，向岐路销魂，征轮驿骑，断雁西风急。

英雄辈，事业东西南北。临风因甚成泣？酬知有愿频挥手，零雨凄其此日。休太息。须信道、诸公衮衮皆虚掷。年来踪迹。有多少雄心，几翻恶梦，泪点霜华织。

"请问人的一生，算起来，有什么事情值得在京城熬白了头呢？"这是纳兰性德在词中提出的直达人心的问句。尽管年轻，他却展现出老练而沧桑的口吻，仿佛已饱经世事沉浮，令人对他的天赋赞叹不已。随后，词中转向描绘"清溪蓑笠"的山水意境，透露出蔡启僔对尘网束缚的无奈，表达了归隐山林、享受悠闲自得生活的愿望。纳兰性德引用《世说新语·识鉴》中南朝张季鹰辞官归乡的典故，以此劝慰老师："人生贵得适意尔，何能羁宦数千里以要名爵？"蔡启僔的家乡——浙江德清，以莼菜和鲈鱼闻名，正是远离官场纷扰、体验自然之美的理想之地。

蔡先生本性淡泊，对仕途并无过多追求。他曾豁达地表示："而今为盛世，朝不乏辅佐之才，不妨留我一二人在水边树下，作为盛世点缀。"即便后来有机会复职并担重责，蔡启僔不久也因病辞官，专注于修书自娱，这与纳兰性德在词中所表达的情感不谋而合。由此可见，纳兰性德对老师的了解很深，才能作出如此贴切的词句。

尽管老师南归是其心中所愿，但面对即将到来的分别，纳兰性德感到无比心酸，悲痛之情溢于言表，他祝愿老师在挂冠之后仍能有所成就。然而蔡启僔已五十五岁，遭受如此坎坷，如同"断雁南飞"，不得不承受长途跋涉的艰辛，这怎能不让人心生哀痛？纳兰性德将所有复杂的情感都融入了这首长调之中，让读者能深切感受到他对老师的敬爱与不舍。

对于感情更加深厚的徐乾学座师，纳兰性德以四首《秋日送

徐健庵座主归江南》相送，表达了他对师长的敬爱和对未来重逢的
期盼：

秋日送徐健庵座主归江南（四首）

其一

江枫千里送浮飔，玉佩朝天此暂辞。
黄菊承杯频自覆，青林系马试教骑。
朝端事业留他日，天下文章重往时。
闻道至尊还侧席，柏梁高宴待题诗。

其二

玉殿西头落暗飔，回波宁作望思辞。
蛾眉自是从相妒，骏骨由来岂任骑。
白首尽为酬遇日，青山真奈送归时。
严装欲发频相顾，四始重拈教咏诗。

其三

不同纨扇怨凉飔，咫尺重华好荐辞。
衡岳雁排回日字，葛陵龙待化来骑。
斑斓正好称觞暇，丝竹谁从着屐时。
弱植敢忘春雨润，一生长诵《角弓》诗。

其四

惆怅高筵拂面飔，几人鸾禁有宏辞。
鱼因尺素殷勤剖，马为障泥郑重骑。
定省暂应纾远望，行藏端不负清时。
春风好待鸣驺入，不用凄凉录别诗。

在通信和交通均不便利的古代，送别是一件充满伤感的事情，
因为别后重逢之日难以预料；而对于文人来说，送别又是展示才华

的绝佳场合，"送别诗"作为诗中一大类别，汇集了多少传唱千古的名篇。同年九月，徐乾学回乡之际，纳兰性德连作这四首诗送别，诗中并没有太过浓郁的伤感萧瑟之情，而是有着昂扬向上的基调。在他看来，"玉佩朝天此暂辞"——这次离别只是暂时的。他写下"朝端事业留他日，天下文章重往时"，这正是因为他了解徐乾学与蔡启傅的不同，蔡先生生性淡泊、无心官场，但徐先生还有未竟的事业，不会因此一蹶不振。假以时日，老师定会再度归京，所以不必太过伤感。

只是来日与今日之间，毕竟还是隔着不可知的光阴。纳兰性德拜徐乾学为师的时间虽短，但他在勤学苦读之下，已渐得徐乾学学问之精髓，可他知道，自己对学问的研究还远远不够通达。因此，在送别老师之后，他是真心实意地期盼着老师早日起复，重归京城。

第六章
知君何事泪纵横——见朱彝尊

在老师徐乾学的介绍下，纳兰性德结识了许多江南文人，其中不乏文坛名家。当时天下闻名的"江南三布衣"姜宸英、朱彝尊、严绳孙便是其中翘楚。

遣怀

杜牧

落魄江湖载酒行，楚腰纤细掌中轻。

十年一觉扬州梦，赢得青楼薄幸名。

"落魄江湖载酒行"，此句道尽诗人杜牧多少辛酸与自嘲。数百年后，一位同样不得志的落魄文人，将自己的诗集取名为《江湖载酒集》，这人便是江南三布衣之一的朱彝尊。

解佩令

朱彝尊

十年磨剑，五陵结客，把平生、涕泪都飘尽。老去填词，一半是，空中传恨。几曾围、燕钗蝉鬓。

不师秦七，不师黄九，倚新声、玉田差近。落拓江湖，且分付、歌筵红粉。料封侯、白头无分。

朱彝尊字锡鬯，号竹垞、醧舫，晚号小长芦钓鱼师、金风亭长；他博通经史，好金石文史、古籍图书，善作诗词，诗与王士祺称"南朱北王",词则与陈维崧并称"朱陈",为清词三大家之一。这首是朱彝尊为《江湖载酒集》所题之词,上片回顾了自己前半生国破家亡、身世飘零的经历,下片则阐述了自己的词学主张。

康熙十三年(1674年)时,已逾不惑的朱彝尊满身风霜地来到京城,十几年来他已走过大半河山,虽身无长物,却因诗词之才誉满天下。他最动人心的作品,除《江湖载酒集》外,便是纳兰性德手不释卷的《静志居琴趣》。

朱彝尊的前半生清苦贫寒,不曾像杜牧一般可以流连秦楼楚馆,然而他亦有一段肝肠寸断、令世人称异的未果之情,这段感情的女主角,正是他的妻妹。这部词集正是以她的小字"静志"为名,八十三首词篇,全部是朱彝尊对她的深情。

朱家原为浙江秀水的书香门第,曾祖朱国祚在明代高中状元,官至礼部尚书兼武英殿大学士。然而,常言道:"君子之泽,五世而斩",到了朱彝尊出生时,家道已然衰落。之后战事连连,家境更是每况愈下,陷入困顿。朱彝尊十七岁时,迎娶了十五岁的冯福贞为妻。由于家中贫寒,无以为生,他不得不入赘冯家。这在古代封建观念下,是件颇失颜面的事情。婚后,朱彝尊坚持不为清朝效力,未曾考取功名,仅靠教书、担任幕僚赚取微薄且不稳定的收入,因此在冯家难获尊重。唯有小妹冯寿常例外,她对这位学识渊博、才华横溢的姐夫充满了崇敬与尊重。

渐渐地,冯寿常出落得如清水芙蓉一般,二人的感情也在举家避祸时潜滋暗长。但困囿于亲情、伦理与现实,十九岁的冯寿常另嫁他人。两年后,朱彝尊不敌思念之痛,便经常外出游历。

或许是"红颜多薄命",冯寿常成婚没有多久,便遇到丈夫与儿子接连去世的悲剧。无奈之下,她只得返回娘家居住。此时的朱彝尊真是悲喜交加,既欣喜于可以再次见到心上人,又悲痛于对方的遭遇。两位伤心人彼此相对,终究无法压抑住那浓烈的情感,便在私下里相会、彼此慰藉。然而,这段情感总归是见不得光,二人依旧不能光明正大地相守,冯寿常最终在三十三岁时郁悒而亡。朱彝尊挥泪写下《静志居琴趣》词集,这凄苦的半生,忍耐又有什么益处?他不再压抑自己,决定将这段不为世间所容的感情大白于天下，这份一往无前的勇气世间难得。

朱彝尊晚年编纂的《曝书亭集》，学术价值与文学价值均超过纳兰的《通志堂经解》，朋友们认为他极有可能获得入祀孔庙的尊荣——这对于古代读书人无疑是至高的荣誉。只是他那段"不伦感情"毕竟于私德有亏，有朋友建议他一定要删除相关文字。已届古稀之年的朱彝尊听闻此事后，夜不能寐，辗转反侧，"欲删未忍，至绕几回旋"。最终，他决定坦然接受，坚定地说道："宁拼两庑冷猪肉，不删《风怀二百韵》"。这是他此生最重要的一段感情，难道删去文字就能抹掉这段曾经吗？既然如此，他便保留这些文字，任由世俗礼教谴责。至少，他无愧于心，无愧于早亡的爱人。

这样的深情，纳兰读罢怎能不受感动，他同样是这世间难寻的深情之人啊。《静志居琴趣》记录了朱、冯相处年月中许多细节与故事，有"愁春未醒，定化作、风子寻香留住""记取鸦头罗袜小，曾送上，宵娘堤""锦瑟空成追忆，玉箫定在人间"，等等。至于冯寿常为何以"静志"为小字，从"洛神赋，小字中央，只有侬知"这句中，人们终于找到答案：《洛神赋》中的曹植与洛神，他们同样因为世俗束缚而不能相守，其中一句"收和颜以静志兮，申礼防以自持"恰好契合了朱、冯二人的心境。因此，朱彝尊为她取字为静志，并将自己的书斋命名为"静志居"，以此表明他们的感情会如曹植和洛神一样"发乎情，止乎礼"。朱彝尊的词集充满了深微幽隐的压抑深情，淋漓尽致地体现出这段感情的克制，让人读来为之动容。

最被纳兰性德推崇的一首词，则是收录在《江湖载酒集》里的小令，仅仅二十七个字：

桂殿秋

思往事，渡江干，青蛾低映越山看。
共眠一舸听秋雨，小簟轻衾各自寒。

况周颐在《蕙风词话》中推举这首《桂殿秋》为清初词作之

冠，因其以极淡的笔墨描摹极深的情愫，这恰恰体现了中华文化中感情的最高阶之美。往事忽然袭来，词人不禁回忆起两人同行的一幕幕。在"共眠一舸"的情境下，情感即将喷薄而出，有情人却因无法挣脱现实的束缚，只能停留在原地。"小簟轻衾各自寒"不仅描绘了外在环境的寒冷，也折射出内心的苦楚。两人倾听秋雨淅沥，辗转反侧，难以成眠，这与前文的"共眠"形成了鲜明的对比和讽刺。词人的高超技艺令人赞叹，确实不愧为一代词坛翘楚。

一日，纳兰性德听友人说起，这位"载酒行江湖"的词人正客居在通州潞河，便迫不及待地送出信件，表达自己的仰慕之情，并诚挚地邀请对方来自家做客。在纳兰看来，能知己心，便为知己，才学尚在其次，他认为二人的精神层面多投契之处，期待着能与对方相识相交。

但朱彝尊收到这封热情洋溢的来信后，却有些踌躇。对方年纪轻轻便已中进士，又出身于权贵之家，自己却是半生落魄的文人，除了擅长诗文之外别无长物，两人身份地位相去甚远。他本不欲赴会，念及自己当下的困境，又想到好友姜宸英等人曾赞誉纳兰的为人，最终还是选择前往拜访。多年后，朱彝尊回忆二人初见时的场景，道："往岁癸丑，我客潞河。君年最少，登进士科。伐木求友，心期切磋。投我素书，懿好实多。"他着实感激当年纳兰待自己的情谊，正是有了这封"求友素书"，才让自己失意的人生有了转弯的机会。

百字令

朱彝尊

菰芦深处，叹斯人枯槁，岂非穷士？剩有虚名身后策，小技文章而已。四十无闻，一丘欲卧。漂泊今如此。田园何在，白头乱发垂耳。

空自南走羊城，西穷雁塞，更东浮淄水。一刺怀中磨灭尽，回首风尘燕市。草屩捞虾，短衣射虎，足了平生事。滔滔天下，不知知己是谁。

"滔滔天下，不知知己是谁"是朱彝尊历尽坎坷后发出的喟叹，他落寞地以为，这天下不会有人能真正理解自己了。忽然间，他却得到了一位年轻公子的回答：

浣溪沙

残雪凝辉冷画屏，《落梅》横笛已三更。更无人处月胧明。

我是人间惆怅客，知君何事泪纵横。断肠声里忆平生。

明月高悬处，横笛断肠时，是何等凄恻的场景，"更无人处"写明场景之寂寞，更是人心之寂寞，正为下片做铺垫。"我是人间惆怅客"一出，清清淡淡却也重如千钧，此句也因道出纳兰本性所以格外出名。"知君"二字点明对方亦为惆怅之客，所以"我"才知道"你"为何事断肠。这一句的回答太过动人心魄，相信对方听到此语，定然百感交集，怆然泪下。这首词中没有典故，没有雕琢，真心之语却探喉而出，实在妙极。

纳兰去后二百四十年，梁启超感时伤事，化用此词，作《鹊桥仙》祭奠纳兰，同时寄托自己"别有怀抱"之恨，亦为良作：

鹊桥仙

冷瓢饮水，寒驴侧帽，绝调更无人和。为谁夜夜梦红楼，却不道当时真错。

寄愁天上，和天也瘦，廿纪年光迅过。断肠声里忆平生，寄不去的愁有么？

年月既过，知己已去，绝调再无人相和，于断肠处回首一生，怎能不双泪纵横？

第七章
野色湖光两不分——《渌水亭杂识》

　　自陶渊明挥笔写下《桃花源记》以来，这处虚构的仙境便压过所有秀水明川，成为许多文人的心灵栖息所。在通志堂落成的同年，纳兰性德又为自己修建了一座亭子，因其临水而建，且他以渌水之德自比，遂将此亭命名为"渌水亭"。纳兰性德常常在此研读经学、工词写赋、与友聚会，"渌水亭"可谓他的"桃花源"。渌水亭竣工时，他写下七言绝句《渌水亭》，对闲云野鹤般生活的向往跃然纸上：

渌水亭

　　野色湖光两不分，碧云万顷变黄云。
　　分明一幅江村画，着个闲亭挂夕曛。

　　渌水亭处既有美景，又有野趣，很有江南水乡的意境，湖面碧波如镜，与晴天白云相映成趣；岸有稻田数顷，随风荡漾，其美景总是令人心胸开阔。对于渌水亭具体的地点，众说纷纭，一说在京城什刹海旁边的明珠府内，一说在玉泉山麓的明珠别墅。乾隆年间官员戴璐曾在《藤阴杂记》中记录："渌水亭为容若著书处，在玉泉山下"。具体地点虽有争议，但无论如何，渌水亭在傍水之地是无可争辩的。

　　古有王羲之的兰亭集会，近有秋水轩的文人唱和，纳兰性德对文人雅集、唱和之盛况，心驰神往已久。如今他终于可以邀三五知己，于幽静之地小聚。天朗气清，浮岚暖翠，友人品酒赋诗，畅谈心事，此情此景，岂不快哉？朱彝尊、严绳孙、顾贞观、秦松龄、陈维崧、姜宸英等才子均是渌水亭的常客，这在当时政局不稳的背景下，显得尤为珍贵。众人留下了大量与渌水亭相关的诗词，陈维崧所作《齐天乐》便是其中佳作：

齐天乐·渌水亭观荷，同对岩、荪友、竹垞、
舟次、西溟，饮容若处作

分明一幅江南景，恰是凤城深处。野翠罗罗，嫩晴历历，扑到空香万缕。

早村人语。是柳下沟塍，篱边儿女。稻叶菱丝，隔纱长作打窗雨。

莲房箭载簇簇，西洲都盖满，睡鸭新乳。碧篆回廊，黄泥小灶，几斛冷泉亲煮。

倚阑凝伫，记卷画东头，旧寻诗路。招个烟樯，飘侬溪畔去。

渌水亭虽在"凤城深处"，却是"野翠罗罗""空香万缕""稻叶菱丝"，好一片江南胜景。在这样的景色中，怎不让人泰然自得、思如泉涌？渌水亭为文人墨客提供了源源不断的灵感，纳兰自己更有多篇诗词佳作。

秋千索·渌水亭春望

垆边唤酒双鬟亚，春已到卖花帘下。一道香尘碎绿苹，看白夹亲调马。

烟丝宛宛愁萦挂。剩几笔晚晴图画。半枕芙蕖压浪眠，教费尽莺儿话。

这首词描写晚春初夏的趣景。酒肆边的少女，担着娇花的卖花

人，调驯马匹的青年……在细雨如烟的湖畔，人影与花影相映，远有黄莺鸣啼，好似一幅雨后初晴的工笔画。纳兰用生机勃勃的笔墨绘出此景，饱含着对生活的满腔热忱。

天仙子·渌水亭秋夜

水浴凉蟾风入袂，鱼鳞蹙损金波碎。

好天良夜酒盈尊，心自醉。愁难睡，西南月落城乌起。

这首描写的却是秋日的哀景。秋意森然，词人良久地伫立在渌水亭中，眼见清风拂来，打碎一池月光，泛起金鳞般的波纹。如此良宵，他的愁绪却如水波般连绵不绝，"西南月落城乌起"，渌水亭不知陪伴他度过多少个这样难眠的夜晚。

纳兰性德自寒疾痊愈后，不仅手不释卷地研读经史，闲暇时亦会友郊游，有空时将博览所得、访论稽古、遗闻逸事、友人闲谈等散杂所得整理记录，日久成卷，形成《渌水亭杂识》，也是清代很有代表性的百科全书式的文集。纳兰性德在序中写道："癸丑，病起，披读经史。偶有管见，书之别简；或良朋莅止，传述异闻，客去辄录而藏焉。逾三四年，遂成卷，曰《渌水亭杂识》，以备说家之浏览云尔。"

世人皆知纳兰词作绝伦，但从一些词句中看，他仿佛只是一位多病多愁、只识风月不识人间疾苦的富家公子哥。事实上，以此观纳兰其人未免太过片面，在《渌水亭杂识》中，我们就能看见一位既通晓天文地理、自然科学，又能解读历史哲学、百姓民生，奋发蹈厉、善学好思、关心国事的有志青年。

《渌水亭杂识》共分四卷，卷一收录地理相关资料，卷二归纳历史考据（包括兵法、科技、经济、文艺等），卷三摘录史书、哲学并加以解读，兼有东西方文化比较，卷四则总结纳兰对诗词及儒、释、道三教教义的领悟洞见。

卷一中有多处对北京周边名胜古迹的考据，如窦燕山故居地点考证、西直门外的大慧寺历史考据、畏吾村（即现在的魏公村）的历史沿革，等等。还有对高丽、日本的一些记录，值得注意的是有关日本练兵的记载："日本人操场练兵，必以夜，盖灯火整乱易见也，其教艺处，不令中国人见之。"日本当时只在夜间练兵，目的就是避免让中国人发现，但可以通过其灯火的变化猜测过程，可见纳兰对当时日本深藏的野心已经有所警惕。

卷二所涉猎的领域更广，包括海运之患、铸钱选材的弊病、金星弦望的困惑、经典名句论证，甚至记录了历代化妆技术的演变等。纳兰性德在经济方面亦有研究，他发现铸钱选材的弊病：如果铸得分量轻了，容易出现假币；若是分量重了，就会有人将钱币熔铸为铜器来赚钱。于是他提出允许民间使用红铜，只用黄铜来铸重钱，从而稳定货币的铸造。而在天文研究方面，他认为西方因为发明了望远镜，已经走在中国的前面："中国天官家俱言天河是积气，天主教人于万历年间至，始言气无千古不动者，以望远镜窥之，皆小星也，历历分明。"同时也记录了自己的一些疑惑：例如从望远镜中观察发现，金星依靠自己发光，并不像月球一样反射太阳的光芒，为什么也会存在弦望呢？我们能看出纳兰对于许多问题进行了深度思考。

卷三中他着重提到东西方科技方面的对比："西人风车借风力以转动，可省人力。此器扬州自有之，而不及彼之便易。西人取井水以灌溉，有恒升车，其理即中国之风箱也。"西方人的风车以风能节省人力，扬州虽然也有类似的工具，却不如西方的便利。而在水利方面，他认为中国也应该借鉴西方的先进技术："中国用桔槔，大费人力。西人有龙尾车，妙绝。其制用一木柱，径六七寸，分八分。橘囊如螺旋者围于柱外，斜置水中而转之，水被诱则上行而登田。又以风车转之，则数百亩田之水，一人足以致之，大有益于农事。苟得百金，鸠工庀材，必相仿效，通行天下，为利无穷。"从文中可以看出，纳兰性德满腔热忱地期望我国能吸纳先进科技，以助推农业发展，惠及天下苍生，洋溢着对国家的拳拳赤子之心。可惜的是，尽管他敏锐地意识到科技的重要性，然而缺乏统治者的支持，终究难以施展其宏伟抱负，这或许便是他常怀忧思的缘由之一。

卷四主要以文学评论为主，集中总结了纳兰自己的文学观点，他写道："诗乃心声，性情中事也。发乎情，止乎礼义，故谓之性。亦须有才，乃能挥拓；有学，乃不虚薄杜撰。才、学之用于诗者，如是而已。昌黎逞才，子瞻逞学，便与性情隔绝。"纳兰认为写诗是抒写心声，有真实的生活经验，诗歌的创作才能从真情出发；而只有学识渊博，才能有理有据、游刃有余地表达出来。他写诗词时便是真切吐露心声而不加雕琢，跨越几百年，至今仍旧感人肺腑。对于步韵诗，他也有自己的看法："今世之大为诗害者，莫过于作步韵诗。唐人中、晚稍有之，宋乃大盛，故元人作《韵府群玉》。今世非步韵无诗，岂非怪事？诗既不敌前人，而又自缚手臂以临敌，失计极矣。"纳兰犀利地指出，步韵诗只是为了交际，可当下文人的诗才已不如古人，这样就如同缚住手臂面对敌人，实在是没有必要。

梁启超对《渌水亭杂识》评价颇高，赞纳兰曰："翩翩一浊世公子，有此器识，且出自满洲，岂不异哉。"即便在今日看来，纳兰性德博采众长的知识广度、敏锐的政治眼光与前瞻性的思想，也着实令人惊异。只可惜，他未能在有生之年施展自己的政治抱负，这或许是他日后哀愁满腹的重要原因之一。

英雄无用武之地，大为憾哉。

卷三　相思相望不相亲，天为谁春

第一章
人生若只如初见——多情善感

　　《诗大序》中有云："情动于中而行于言"，创作者内心有所感触，便不得不发，形成了一种自然而然的创作状态，即今人所言"我手写我心"。

　　优秀的创作者之所以能频出引人入胜之作，正因为他们拥有天然敏感的心灵。然而，触动他们灵魂、迫使他们抒发的"情"，往往并非欢愉的感情。在诗词创作中，快乐喜悦之作相较之下罕见，基调多为悲伤、惆怅、失落。此情此景，不难理解——快乐所感千篇一律，人在欢愉时鲜有非说不可之言；于困顿之际，则多有诉不尽的苦楚与感慨。所谓"欢愉之词难工，而穷苦之言易好"，正是这样的道理。

　　有人虽学富五车，却因缺乏灵感之窍，即便搜肠刮肚，亦难成千古绝句。此乃天赋各异，无可厚非——有人天生学者，有人天生才子，并没有孰高孰低。在好友严绳孙眼中，纳兰性德"蕴藉流逸、根乎性情"，天生具备诗词之才。难得的是，纳兰的"情"有一种高尚、纯粹的精神性，无论是悼亡之词，还是与友人的唱和之作，皆可见其赤子之心。

　　纳兰性德敏锐洞察日常之细节，以自然清新、不加雕饰之笔，抒写"纳兰风"之哀婉柔肠。此种表达，让众多具有"文青"气质的人豁然开朗，原来那些莫名的忧郁与悲伤，竟是如此真切。一般人虽或有此感，但若诉诸笔端，欲描写得细腻入微或别具一格，却颇费功夫。纳兰性德恰好擅长此道，故他所言"人生若只如初见""当时只道是寻常""不辞冰雪为卿热""一片伤心画不成""一生一代一双人"等句，方能触动无数人的心弦。

纳兰性德一生与情纠葛，若是谈起他最著名的一首"情词"，必定是那首几乎人尽皆知的"人生若只如初见"。

木兰花令·拟古决绝句

人生若只如初见，何事秋风悲画扇？等闲变却故人心，却道故心人易变。

骊山语罢清宵半，泪雨零铃终不怨。何如薄幸锦衣郎，比翼连枝当日愿。

对于这首词的创作背景，众说纷纭。一般而言，人们将其归类为爱情词，但在汪元治《结铁网斋》刻本中却多了"柬友"二字。然而，对普通读者来说，这篇词的背景或许并不重要。《〈复堂词录〉序》中提到："甚且作者之用心未必然，而读者之用心何必不然。"一篇好的词作，一定是要"留白"的，只有令读者有无限联想的空间，才有可咀嚼的余味。

文学的魅力在于每个人都能在其中看到自己的影子，无论是向往的自我、过去的自我，还是害怕的自我，都如万花筒折射出来的不同侧面。我们从"人生若只如初见"中，看见了自己曾经的美好与遗憾，已经足够。

学界尚未明确考据出这首词是纳兰性德为哪位友人所作，因此，我们暂且根据内容，将其视为一篇寄托女子心事的爱情词。词题中的"拟古"即"效仿古人而作"，如唐代诗人元稹的三首《古决绝词》。决绝词即绝交，源自汉乐府民歌《白头吟》中的"闻君有两意，故来相决绝"。值得一提的是，尽管此篇题为"决绝句"，却并非冷言冷语的绝情，而是柔婉动人的端雅。

"人生若只如初见"，此句一出，在清代词坛便无出其右。世间情感，往往美好开端，悲剧收场，恰如班婕妤"秋扇见捐"的命运。对词中提问，对方给出的答案是"等闲变却故人心，却道故心人易变"——旧情虽在，人心却已变迁，如今的想法自然与往昔不同。此处"故心人易变"实为化用南朝谢朓《同王主簿怨情》中"故人心尚永,故心人不见",以及宋代赵师侠《菩萨蛮》中的"故人心尚如天远,故心人更何由见"。由此可见,在古人诗词中"故人心"与"故心人"是固定搭配,此处应为"故心人"。汪元治本的误刻被后来的选本沿袭,导致了流传中的错误。

下半阕词引用了唐玄宗与杨贵妃的故事。七夕之夜,二人在骊山华清宫许下永恒不变的诺言,如《长恨歌》所述:"在天愿作比翼鸟,在地愿为连理枝"。然而,安史之乱中,唐玄宗被迫赐死杨贵妃。即便如此,杨贵妃在临刑前未有怨恨,她心中虽知帝王薄情,但当时的誓言却是真挚的。"不怨"是这首词的词眼,也是其与其他闺怨词不同且动人之处。

如果一切如初见般美好,该有多好?"若"字有无尽的不甘与遗憾。对纳兰性德而言,他的一生,或许就苦在这个"若"字。初恋情人如此,妻子卢氏如此,江南沈宛亦是如此。他与每一位女子的感情都曾经刻骨铭心。在短暂的三十一载生命中,他经历了三次痛彻心扉的生离死别。他自问,非"薄幸锦衣郎",为何命运如此残酷。

《红楼梦》中曾叹宝玉"多情公子空牵念",此语亦可用来形容纳兰性德。他的一生,对"多情"有着深刻的领悟,词作中亦多有表达:怀念妻子时,他写道"有情终古似无情,别语悔分明";抒发离别之恨时,他写道"多情不是偏多别,别为多情设";春日愁怀时,他写道"人间何处问多情";羁旅思乡时,他写道"书郑重,恨分明,天将愁味酿多情";想念分别的好友时,他写"明月多情应笑我,笑我如今"。

或许,天生"一往情深",既是幸运,也是另一种不幸。

第二章
肠断月明红豆蔻——初恋之谜

落花时

夕阳谁唤下楼梯，一握香荑。回头忍笑阶前立，总
无语，也依依。

笺书直恁无凭据，休说相思。劝伊好向红窗醉，须
莫及，落花时。

人们对"八卦"总是有着天然的期待，自古才子佳人、痴男怨
女的故事层出不穷，深受喜爱。作为清初第一公子的纳兰性德又以
"痴情人"著称，人们总是乐于对他的情感生活展开种种猜测。其
中，最深入人心的传闻，莫过于他那段求而不得的初恋情缘，许多
人揣测他心中曾有一位心心相印的表妹。

赵烈文在《能静居日记》中记载，乾隆五十四年（1789 年），
和珅将《红楼梦》进献给乾隆皇帝。皇帝阅后笑道："此乃明珠家
事！"清朝经学大家俞樾亦曾言：《红楼梦》一书，世传为明珠之
子而作。"

若《红楼梦》中贾宝玉的形象真有纳兰性德的影子，那林黛玉是否
也有原型？她是否就是那位与纳兰性德青梅竹马、两情相悦的恋人？

如梦令

正是辘轳金井，满砌落花红冷。

蓦地一相逢，心事眼波难定。

谁省，谁省，从此簟纹灯影。

这首《如梦令》以清丽明快的口吻，写尽了少年人的初恋情怀。怦然心动与怅然若失交织，碰撞出动人心魄的色彩。"正是"二字，透露出少年暗自的筹划与期待，他在落红满阶的"金井"前，静静期待着心上人的出现。"蓦地"二字，又传达出他的忐忑与惊喜——她竟然真的来了。少女盈盈眼波望来，欲说还休，令人心中波澜顿生。

"簟纹灯影"在古诗词中常用以描绘夜间场景，"簟纹"是竹子编织的席纹，"灯影"则是夜间烛光摇曳的影子。北宋周邦彦曾以"簟纹如水浸芙蓉"来形容夏夜的清凉，杜甫亦有"灯影照无睡，心清闻妙香"的诗句。此处的"灯影"，则是形容少年因思念恋人而夜不能寐，内心深处幽微而深沉的情思。

所谓"少年情怀总是诗"，这种情怀本已绝美。纳兰性德仅以三十三字，便轻巧地勾勒出了情窦初开的微妙心情。这种心情，许多人都曾有体会，却常是"只可意会，不可言传"。唯有纳兰性德这样既多情又才华横溢的词人，才能将其写得淋漓尽致。

北宋江西派诗人晁冲之曾有一首同韵的小调，描写了一位深闺中女子的春愁：

如梦令

墙外辘轳金井，惊梦懵腾初省。

深院闭斜阳，燕入阴阴帘影。

人静，人静。花落鸟啼风定。

"花落鸟啼风定"一句，化用了孟浩然《春晓》中的"处处闻啼鸟""花落知多少"，意境悠远，但整首诗篇却弥漫着一种悲凉伤感的寂寞。虽同为《如梦令》，却与纳兰性德笔下的清新缠绵截然不同。

少年人正处于"不识愁滋味"的年纪，相爱的他们一起经历生动而美好的小事，心中藏着许多想说而不能说的秘密。那份朦胧而真挚的感情，如同镜中花，水中月，美好得令人终生怀念，却又"不可得"。

蝶恋花

> 露下庭柯蝉响歇，纱碧如烟，烟里玲珑月。并着香肩无可说，樱桃暗解丁香结。
>
> 笑卷轻衫鱼子缬，试扑流萤，惊起双栖蝶。瘦断玉腰沾粉叶，人生那不相思绝。

夏日庭院中，蝉鸣伴随着夜露渐渐止歇。碧色的纱窗如同轻烟一般，透过它，可见窗外明月的清辉。两人并肩站立，心意相通，无需多言，唯恐破坏了这份宁静与浪漫。她轻启朱唇，露出嫣然一笑，展露出少女独有的宜嗔宜喜的风情。不多时，院中的萤火虫开始闪烁，她卷起衣袖，轻扑流萤，却意外惊扰了一旁的双栖蝶。

窈窕的少女与翩飞的蝴蝶相映成景，是何等可爱生动的场面。然而，越是美好的时光，日后回忆起来，便越让人黯然神伤。特别是词的最后一句"人生那不相思绝"，堪称文眼——只要人生还在继续，相思之情就永无止境。欧阳修曾言："人生自是有情痴，此恨不关风与月"，情痴乃人之常情，即使没有清风明月的衬托，这份情感也难以割舍。

整首词以细腻的景色描写开篇，营造出美好的氛围，再自然过渡到景中的人物，由静态转为动态，如同春水乍破，赋予场景以生动的气息。最终以"人生那不相思绝"的感慨作为收尾，使得整首词一气呵成。纳兰性德的词多带有哀伤之情，这两首早期作品的轻快活泼之调，难能可贵。

初恋之所以显得如此美丽，不仅因为少男少女之间纯真的心意，更因为它往往带有"不可得"的遗憾，为其回忆披上了一层美丽的面纱。时间如同流水，不会为任何人驻足。如果那位恋人真是纳兰性德的表妹，作为旗人，她必将参加选秀，这样两情相悦的时光，又能持续多久呢？

鬓云松令

> 枕函香，花径漏。依约相逢，絮语黄昏后。
> 时节薄寒人病酒。划地梨花，彻夜东风瘦。
> 掩银屏，垂翠袖。何处吹箫，脉脉情微逗。
> 肠断月明红豆蔻。月似当初，人似当时否？

数年之后，纳兰性德创作了许多清丽凄婉的怀人之作，此词便是其中的佼佼者。此调原名《苏幕遮》，后因北宋词人周邦彦的名句"鬓云松，眉叶聚。一阕离歌，不为行人驻"而得名"鬓云松令"。此名唤起了人们对佳人乌发如云、眉间凝聚薄愁的哀怨形象的想象，为词牌增添了无限柔情与婉转。纳兰以此词寄托对恋人的思念，恰到好处。

前四句描绘了情人在黄昏后相逢的场景，这让人联想到纳兰性德幼时的生活。他的日程必定是被父母安排得满满当当，文武课艺日复一日，只有黄昏时分，方能享有片刻的闲暇。在他的早期词作中，黄昏常作为一个重要时刻出现，《落花时》中的"夕阳谁唤下楼梯"，《清平乐》中的"从此伤春伤别，黄昏只对梨花"，皆可能由此而来。

"划地"意为"依旧"，如辛弃疾在《念奴娇·书东流村壁》中所写："划地东风欺客梦"。东风不止，落花如雨，人亦消瘦。往昔脉脉的温情，如今化作月下的凄凉。红豆蔻，那相思的象征，令人望而生悲。词尾的提问"月似当初，人似当时否"，既是对往昔的追问，也是对现实的无奈回答。

正如崔护所言："人面不知何处去，桃花依旧笑春风"，我们渴望留住的美好时光，往往转瞬即逝。花谢之后，尚能再开；人若离去，或许此生再无相见之期。

第三章
寂寂锁朱门，梦承恩——有始无终

多年前，电视剧《甄嬛传》风靡大江南北，该剧讲述了汉军旗少女甄嬛通过选秀入宫，并最终成长为太后的故事。得益于此剧，观众对清朝的选秀制度有了更深入的了解。"选秀"是一项基于八旗制度的宫廷选拔，规定八旗子弟家中十三至十六岁的少女必须参加。朝廷对选秀的管控极为严格，往往不顾及秀女及其家人的意愿。若秀女因病申请免选，只有通过一系列审查才能获得批准。

若纳兰性德真有一位才貌双全、令他梦绕魂牵的表妹，作为满洲正黄旗的少女，她在步入花季之时，必将参与皇宫的选秀。一旦参选，无论是出于对女子家世的政治考量，还是基于她个人的品貌，入选都是意料之中的事。

采桑子

> 彤霞久绝飞琼字。人在谁边？人在谁边？今夜玉清
> 眠不眠？
> 香消被冷残灯灭。静数秋天，静数秋天，又误心期
> 到下弦。

《采桑子》一词细腻地描绘了少年对恋人的深切思念。"今夜玉清眠不眠"一句，巧妙化用了唐代诗人徐凝的"瑶池月胜嵩阳月，人在玉清眠不眠"，表达了一种牵肠挂肚的相思之情。词中"飞琼""玉清"分别指代西王母和织女星的侍女仙子，所以即使缺乏

确凿证据，也引发了人们对纳兰性德恋人可能入宫的猜测。"心期"指的是心愿，而"又误心期到下弦"中的"又"字，透露出一种无奈与绝望，似乎早已预知期待将成泡影，却仍不甘心地等待。

《昭君怨》一词似乎提供了一些答案：

昭君怨

深禁好春谁惜，薄暮瑶阶伫立。别院管弦声，不分明。

又是梨花欲谢，绣被春寒今夜。寂寂锁朱门，梦承恩。

"深禁"指的便是深宫，"好春"则暗喻妙龄女子。在这春光中，她们却只能在台阶上默默凝望，远处丝竹管弦之声隐约可闻，愈发显出周遭的寂静。紫禁城的高墙无法隔绝春寒的侵袭，在无尽的寂寞中，她们只能依靠梦境来寻求一丝慰藉。

"昭君怨"也称"洛妃怨""宴西园"，常用于表达深沉婉约的宫怨主题。有人推测此词是纳兰性德为其表妹所作。自清朝初年起，为了革除前朝弊政，宫中大量裁减了太监和宫女的数量。到了纳兰性德撰写此词时，清宫中的宫女数量已降至历史最低，仅百余人。因此，此词不太可能是在讽刺宫廷生活的奢靡。张仁政在《纳兰性德年谱》中提出："其末了两句，最足注意，所谓'锁朱门'是何地？'梦承恩'是何事？除宫闱之外，更有何事可承恩？……纳兰性德一生，从不作无病呻吟之词。"若非讽喻之作，全词中对宫中女子的同情与怜惜，不禁让人浮想联翩。

在《通志堂集》中，收录了纳兰性德的一首七绝《咏絮》：

咏絮

落尽深红绿叶稠，旋看飞絮扑帘钩。

怜他借得东风力，飞向为萍入御沟。

诗中的"深红绿叶"与"飞絮"，皆为无根之物，性德借此飘零之意，喻指宫女，透出一种虚浮之感。有人以为飞絮得东风相助，可扶摇直上；然而更可能的是，随风飘散，终落入水沟之中。"身不由己"，岂不是人生最大的悲哀？这是他对宫女无法自主命运的深切怜悯。

另一首词《减字木兰花》同样描写了天各一方的恋情悲剧：

减字木兰花

花丛冷眼，自惜寻春来较晚。知道今生，知道今生那见卿。

天然绝代，不信相思浑不解。若解相思，定与韩凭共一枝。

"知道今生那见卿"点明了今生已不可再见的悲凉结局。然而最后一句引用的韩凭之典，似乎别有深意。东晋干宝志怪小说集《搜神记》记载，韩凭是战国时期宋康王的亲随，因王垂涎其妻美色，被判修筑青陵台，后妻子遭夺。韩凭悲愤自尽，其妻何氏得知后，亦从青陵台跃下，化为蝴蝶。宋康王怒将二人分葬，但墓上生出连理枝，成为后世诗人常用的意象。白居易有《长恨歌》"在天愿作比翼鸟，在地愿为连理枝"，李商隐亦有《青陵台》诗，专咏韩凭夫妇之事：

青陵台

青陵台畔日光斜，万古贞魂倚暮霞。
莫讶韩凭为蛱蝶，等闲飞上别枝花。

纳兰性德在《减字木兰花》一词中明确表达了恋人分离是因强大外力介入，同时在其他词作中也常引用韩凭典故，如"青陵蝶梦，倒挂怜么凤""帐中人去影澄澄，重对年时芳荳灯，惆怅月斜香骑散，人间何处觅韩冯（凭）"，显示出对韩凭遭遇的深切同情。这不禁让人猜想，纳兰性德是否也有类似的经历，因而对被强权拆散的韩凭夫妇感同身受。

除此篇外，还有《临江仙》一篇：

临江仙

昨夜个人曾有约，严城玉漏三更。一钩新月几疏星。夜阑犹未寝，人静鼠窥灯。

原是瞿唐风间阻，错教人恨无情。小阑杆外寂无声。几回肠断处，风动护花铃。

"新月几疏星"表明那晚并无风雨，所以"瞿唐风间阻"更像是非自然的力量所致。结合象征权力的"严城"，有人推测词中所指的阻力可能源于现实。纳兰性德出身权贵之家，却有如此深切之痛，实在引人遐想。

梦江南

昏鸦尽，小立恨因谁？急雪乍翻香阁絮，轻风吹到胆瓶梅。心字已成灰。

相思的苦愁，究竟何时能消解？或许只有等到双栖双宿的美满团圆，或许要等到"心字成灰"的肝肠寸断。"梦江南"的本义是吟咏江南风景，亦名"忆江南""望江南"。单是"江南"二字，便已蕴含着无尽的柔情与风流。起句"昏鸦"，让人联想到"枯藤老树昏鸦"一词，奠定了一种哀婉昏暗的氛围。黄昏时分，思念之情愈发浓烈，又恰逢"急雪乍翻"，寒意侵体，冷入心肠。

"轻风吹到胆瓶梅"中的胆瓶，以直口长颈、瓶腹若胆而得名。这个名字极为传神，垂胆之苦意，已被历代文人墨客所领悟。南宋杨万里曾有"胆样银瓶玉样梅"之句，梅香从苦寒中来，又插入悬胆苦瓶中。不着"苦"字，却已写尽苦意，意境十分深远。

　　"心字已成灰"是小令中最动人心弦之句。心字香，因香末萦篆成心字而得名，明人杨慎记载："所谓心字者，以香末萦篆成心字也，词家多用之"。心字香常出现在词中，只因其意境实在凄美，如蒋捷《一剪梅》中的"银字笙调，心字香烧"，最为人称道。心字香燃尽，既是香灰，也是心灰，一语双关，令人叫绝。南宋王沂孙亦有"化作断魂心字"之言，这"心灰"着实令人断魂。断魂者，既是词中黄昏小立思人的闺秀，也是借闺怨抒发情感的词人自己。

　　纳兰性德有始无终的第一段感情，只在其作品中隐约可见，对方的身份已不可考证。然而，那人人都曾有过的初恋情怀、婉丽隽永的文字，让这些词篇跨越数百年，依然拥有动人心魄的魅力。

第四章
帘影碧桃人已去——探佚考据

尽管有关"入宫表妹"的传言看似确有其事，但在历史上有明确记载、与纳兰性德有关的女性仅有三位：他的妻子卢氏、继室官氏以及姜颜氏。无论是传说中的表妹，还是被传为红颜知己的沈宛，她们的故事都仅见于时人笔记中。

"表妹"这一说法最早出现在《赁庑笔记》（也称《赁庑剩笔》）中，后来《海沤闲话》引用了这一记载："纳兰性德爱慕一位绝色女子，两人曾有婚约，然而不久此女便入宫，从此成为陌路。性德心中愁思郁结，誓要见她一面，以了结这段宿缘。恰逢国丧，喇嘛们需每日入宫唪经，性德便贿赂喇嘛，披上袈裟，冒险入宫，终于得见那位表妹。但宫禁森严，他们之间的相见宛如汉武帝与李夫人的故事，终究未能交谈，只能怅然离去。"

根据这些笔记的记载，纳兰性德与表妹因选秀而被迫分离，表妹"一入宫门深似海"，再无相见之日。性德的愁绪难以排解，利用国丧之机，假扮喇嘛入宫，只为相见。小说家李伯元在《南亭笔记》中进一步丰富了"表妹"的形象，而姚鹏图在《〈饮水诗词集〉跋》中也提及了纳兰性德的这段恋情，明确指出入宫女子与纳兰性德为"表兄妹"。

《海沤闲话》在提及"妃子之说"时，还引用了纳兰性德的一阕《减字木兰花》作为证据：

减字木兰花

相逢不语，一朵芙蓉著秋雨。小晕红潮，斜溜鬟心只凤翘。

　　待将低唤，直为凝情恐人见。欲诉幽怀，转过回阑
叩玉钗。

　　宫中的规矩森严，恐怕被人发现，所以"相逢不语"，只能"转过回阑叩玉钗"，以寄托相思之情。这首词读来含蓄凄婉，但若仅以此为依据，未免有"牵强附会"之嫌。如今看来，野史中的这些描述更像是小说情节。宫廷的管理严格程度远超外人想象，宫妃的日常活动范围完全受限于后宫。即便纳兰性德后来成为康熙帝的御前侍卫，他的值守范围也仅限于宫中的正殿乾清宫附近，绝不可能发生词中所描述的遥遥相见的场景。

　　张任政先生在其1930年发表的《纳兰性德年谱》中提出："入宫之事，本诸相传，无确实证据。近读其词，特拈而书之，以见作者身世之感受，惜其时其人未得其详。"实际上，《赁庑笔记》和《海沤闲话》均未提供明确的作者信息，关于纳兰性德"眷一女"的说法，同样缺乏确凿的证据支持。当然，对于世人而言，"野史"的真实性并非关键，"博人眼球"似乎更为重要，因此许多传闻便在似真似假之间流传至今。

　　电视剧《康熙秘史》以这些传闻为基础进行了艺术加工，将所谓的"表妹"身份安置在康熙帝四妃之一的惠妃身上。作为文学作品的改编，这种处理本无可厚非，但观众绝不应将其视为历史。从历史角度来看，惠妃确实是叶赫那拉氏，其父索尔和与纳兰性德的父亲明珠是堂兄弟——他们的共同祖父是金台吉。因此，纳兰性德与惠妃实际上是血缘关系非常近的堂亲。尽管在女真时期曾有"兄死而弟娶其嫂""侄娶叔婶"等较为落后的婚俗，但受汉文化的不断影响，这些观念逐渐发生了变化。清太宗皇太极即位后，便大力改革满洲的婚姻习俗，明令禁止乱伦婚娶，并严格规定不得娶庶母、婶母、嫂子、侄妇等，同时禁止收继婚和同姓嫁娶。入关后，汉族的伦理道德观念以及近亲结婚不利于生育的认识更是深入人心，五服之内的同姓男女早已不再通婚。因此，即使惠妃与纳兰性德相识，也不可能发展出如词中所描述的缠绵悱恻的爱情故事。

或许正是因为同姓的堂兄妹（堂姐弟）不会相恋，才有人将传闻中的堂兄妹关系改为表兄妹关系。民国时期的作家苏雪林，便依据野史传说和某些纳兰词句断定，纳兰性德有一姨表姐妹为恋人，姓谢，自幼体弱多病，却才华横溢——这完全是按照《红楼梦》中林黛玉的形象来塑造的。然而，其对身份的推断未免过于牵强：纳兰性德的姨表姐妹应为八旗蒙古姑娘，不太可能拥有汉家姓氏。更何况，"谢娘"在诗词中常用来代指女子，并不能作为确凿的证据。此外，若"入宫表妹"并非惠妃，在康熙朝的六十五位后妃中，也无其他嫔妃的出身与该传闻相符，她们的详细出身均被史书所记载，远比无根据的传闻可靠。

更何况，纳兰性德自幼深受儒家思想影响，作为权臣纳兰明珠的长子，从小接受严格的礼仪教育，在康熙帝面前当差时总是表现得恭敬有加，从无失礼之举，这完全是发自内心的尊重，不可能做出此等"大逆不道"之事。因此，无论从事实还是情理上来看，"入宫表妹"的传说确实不足为信。然而，在纳兰性德的许多词作中，我们仍能感受到他那段令人唏嘘不已的初恋情感。

其实，无论那名女子姓甚名谁，两人的相聚与分离如何，都不影响纳兰词中那打动人心的缱绻真情。其他的细节实在无须深究。世人只需知道，即便是出身王门贵族，命运也有其不可圆满之处；而我们之所以被纳兰词所打动，或许也是因为每个人的内心深处，都藏着一些痛彻心扉的"求而不得"吧。

第五章

无限深情为郎尽——两姓之好

> "两姓联姻，一堂缔约，良缘永结，匹配同称。看
> 此日桃花灼灼，宜室宜家；卜他年瓜瓞绵绵，尔昌尔炽。
> 谨以白头之约，书向鸿笺，好将红叶之盟，载明鸳谱。
> 此证。"

康熙十三年（1674年），纳兰性德的人生开启了一段美好时光。这一年，因皇子保成降生，他需避讳，由纳兰成德改名为众人熟知的纳兰性德；同时，他已及冠，取字"容若"，自此常以"容若"自称，这标志着他在社会身份上的成年。从此刻起，我们便称呼他为"纳兰容若"了。

同年，他还依照家中安排，与前两广总督卢兴祖的女儿卢氏结为连理，有了自己的小家。新婚之夜，二人在床帐下相对，心中既有对未来生活的忐忑，也有无限向往。此时的纳兰容若，尚未知晓这位女子将为他的生活带来何等巨大的变化。

《礼记·昏义》中明确指出："将合二姓之好，上以事宗庙，而下以继后世也，故君子重之。"那个年代的婚姻，大多看重的不是两情相悦，而是两个家族权衡利弊后的联合。即便是纳兰容若的表哥——康熙皇帝，在择妻时也不能随心所欲，而是为了拉拢四大辅臣之一的索尼，选择了赫舍里氏为皇后，二人的感情和谐，完全是意外之喜。纳兰容若作为明珠家的嫡长子，在选择宗妇时也要格外慎重。那么，精明强干的明珠为纳兰家选择了怎样的亲家呢？

　　纳兰容若的岳父卢兴祖，曾任康熙年间的两广总督、都察院右副都御史、兵部尚书，属于汉军镶白旗。卢兴祖的父亲虽为汉人，但早早加入了满洲军，在开国与平叛时立下汗马功劳，获得三品世袭职位，卢家也被编入汉军旗中。顺治三年（1646年），卢兴祖从国子监出身，被授工部启心郎。顺治十四年（1657年），升迁为大理寺少卿，仕途开始腾飞。后来，卢兴祖受到四大辅臣之一的苏克萨哈（属叶赫那拉氏）的器重，在康熙帝即位后，被提拔为广东巡抚，后又担任两广总督，成为手握重权的封疆大吏。

　　卢兴祖成为广东巡抚后，以雷霆手段施政，推行朝廷迁居沿海居民三十里的政策。同时，卢兴祖还非常重视文化教育的影响。面对广西豪强四起、动乱不断的现象，他认为"教化莫过于学校"，上书朝廷推广学校教育，希望通过教化改善冲突不断的情况。拥有这样思想的长辈，卢家自然重视养成文化、教养的家风，因此卢氏从小受到良好的教育和熏陶。

　　虽然卢兴祖有家族余荫、贵人相助，但政治总是变幻莫测。在四大辅臣的斗争中，鳌拜技高一筹，罗织苏克萨哈二十四条罪名，施以绞刑，其亲族故友多有牵涉获罪。为免牵连，卢兴祖以"盗劫案日多"为由，自请免官谢罪，朝廷迅速批准。这便是朝堂斗争的残酷之处，无论政绩、才干、忠心，关键在于选择站队的慧眼。

　　卢兴祖带着一家人匆匆返京，不久便过世了。卢家小姐由锦衣玉食的权臣之女，一朝家道中落，与如日方升的纳兰家已不可同日而语，此时卢氏不过十一岁余。卢氏的经历仿若当年的觉罗氏一般。明珠曾果断在英亲王获罪去世的第二年迎娶觉罗氏，又为儿子选择了这样一位有着家学渊源，而非显赫家世的女子。可见他的眼光独到，非以眼前利益为重，而是更关注女子优良的家庭教养。而且，卢兴祖虽然去世，但家族中仍然有人在朝中供职，未失底蕴。卢家为汉军旗，纳兰家与其结为姻亲，又与清初鼓励"满汉一家亲"的政策相符，可谓一举多得。明珠为儿子做出的选择的确是煞费苦心。

　　只是不知道在纳兰容若的眼中，妻子家族的遭遇，是否让他对世家盛衰更多了些感慨与思量。在皇权的笼罩下，"雷霆雨露，皆是君恩"，官场的起伏不定虽是常事，但每一次的波动，都可能给无数家庭带来剧烈的震动，让人心惊胆战。

不论这段姻缘背后隐藏着多少家族间的权衡与博弈，对于两位新人而言，那些都不重要。此刻，对他们来说，最重要的只有洞房花烛之夜——他们将与生命中最重要的人相见。据考证，纳兰容若与卢氏幼时或许曾有几面之缘，但那已是多年前的往事。纳兰容若稳定心神，用秤杆轻轻挑起盖头，目光与那双盈盈秋水般的眼眸相遇，两人心中都不由一震。纳兰容若心想，秦少游所言"金风玉露一相逢，便胜却人间无数"，莫非真有其事？

卢氏气质淡雅如兰，娴静温柔，她的杏脸桃腮间似乎蕴含着江南的水乡气息，深深打动了纳兰容若那颗多情的心。在满室喜庆的红色映衬下，她清丽脱俗，宛如一盆来自南方的绝品茉莉，其色如雪，香沁心脾，正如同卢氏曾长期生活在南国广州，与北方满洲女子的飒爽英姿形成鲜明对比。纳兰容若心中不禁涌起无尽的怜爱，后来他为妻子写下了一首五律，倾吐心中的爱慕之情：

茉莉

南国素婵娟，春深别瘴烟。
镂冰含麝气，刻玉散龙涎。
最是黄昏后，偏宜绿鬓边。
上林声价重，不忆旧花田。

卢氏"生而婉娈，性本端庄"，"南国素婵娟"是纳兰容若对她美貌最高的赞美，也是卢氏形象的完美写照。在那个"父母之命，媒妁之言"的时代，能与这样一位美好的女子结为连理，实属难得的幸运。纳兰容若对政治联姻原本不敢抱有期待，甚至心中有些许怨恨。然而此刻，他却深刻体会到缘分天定的惊喜，在权力、家族、利益等各方面因素的平衡之下，他竟能得到这样一位爱妻，收获了巨大的幸福。他未曾预料到，娶了这位温婉的汉家女子，对清代词坛将产生多么重要的影响。纳兰容若最负盛名、最为动人、流传最广的词作，几乎都是为爱妻而作。

这让我想起张爱玲那句动人的话："于千万人之中遇见你所遇见的人，于千万年之中，时间的无涯的荒野里，没有早一步，也没有晚一步，刚巧赶上了，那也没有别的话可说，唯有轻轻地问一声：'噢，你也在这里吗？'"原来，他们也在这岁月长河里，如此偶然，又如此必然地相遇了。

新婚宴尔，正是浓情蜜意之时，丰沛的爱意激发了纳兰容若的创作灵感，他在蜜月期间写下了《艳歌》四首：

艳歌

其一

红烛迎人翠袖垂，相逢长在二更时，

情深不向横陈尽，见面消魂去后思。

其二

欢尽三更短梦休，一宵才得半风流。

霜浓月落开帘去，暗触玎玲碧玉钩。

其三

细语回延似属丝，月明书院可相思？

墙头无限新开桂，不为儿家折一枝。

其四

洛神风格丽娟肌，不见卢郎年少时。

无限深情为郎尽，一身才易数篇诗。

此时的纳兰容若正为三年后的科举备考，在国子监苦读，无法长时间陪伴妻子。每当夜深人静，抬头望向窗外明月时，总会被相思之情牵引，妻子的一颦一笑仿佛就在眼前，让他一时失神。回到家中，已是深夜二更，"一宵才得半风流"之句道尽春宵苦短的缠绵，满溢着二人耳鬓厮磨的深情蜜意。然而，"欢尽三更短梦休"，相聚的时光如此短暂，但为了共同的未来，在他心中，妻子风姿绰约，宛如洛神，对他无限温柔包容。他对二人不能更早相守深感遗憾；同时又有些愧疚，自己尚未有官职，只能以诗篇回报这份深情。

但纳兰容若想，人生还长，未来还有无数美好时光等着他们共同度过。

第六章
林下闺房世罕俦——琴瑟和鸣

　　自古以来，英雄配美人、才子携佳人，向来是要成双成对才好。尽管"各花入各眼"，世间也确有几位佳人拥有绝世风情。其中，曹植一篇《洛神赋》写活了一位"翩若惊鸿，婉若游龙"的美人，成为古今多少读书人心中最美好的化身。对于"京华三绝"之一的纳兰容若来说，卢氏的一颦一笑、一举一动，活脱脱就是他心中的洛神。尽管平日读书十分辛苦，但也有休沐之日。这日闲暇，纳兰容若望着远处刺绣的妻子，忽有了作画的兴致，兴致勃勃地要作一幅以妻子为原型的洛神图。

浣溪沙

　　旋拂轻容写洛神，须知浅笑是深颦。十分天与可怜春。
　　掩抑薄寒施软障，抱持纤影籍芳茵。未能无意下香尘。

　　休息日对新婚宴尔的小夫妻来说，是多么珍贵而难得的时光，而这篇洋溢着欢快之情的小令，在以婉丽凄清或雄浑壮阔为主调的纳兰词中也十分难得。纳兰容若是琴棋书画俱佳的翩翩佳公子，书画一道自然不在话下。笔点勾勒间，一幅"洛神凌波图"渐成。以往他画中的美人，神韵稍显不足，而如今因满腔怜爱之情，洛神的眉眼间格外风情流转，可谓活色生香。

从这便看出，心仪佳人的陪伴对纳兰容若在文艺创作方面有着巨大的帮助。卢氏的美貌与柔情常常激发丈夫的创作欲望，无论是婚后二人的岁月静好，还是卢氏离去后的牵挂思念，都成为纳兰容若的灵感来源。如果卢氏只是普通的温柔、顺从，或者美貌过人，并不能折服作为清初第一公子的纳兰容若。因为他总是有着与他人殊异的敏感忧愁，常常与这世间显得格格不入，只有真正懂他的人，才可能走近他。而卢氏恰好不仅是一位封建礼教下的高门淑女，还是兰情蕙性、懂得生活情趣的灵秀女子，二人的夫妻生活可谓琴瑟和鸣，甜蜜无限。

一日清晨，卢氏梳洗过后，正待描眉，从铜镜中瞥见丈夫的身影，心中一动，转头对纳兰容若道："不知今日小女子是否有幸，能得丹青妙手为我画眉？"纳兰容若微笑点头，施施然接过黛石，端详着妻子如花的娇颜，故作叹息状："不好，不好。"

卢氏疑惑，含笑问道："如何不好？"

纳兰容若温柔一笑："夫人眉色宛如远山，增一分则太浓，减一分则太淡，不宜再画。可知家中的螺黛，今日是虚费了。"

卢氏一听，忍俊不禁，正是：

四时无题诗（其五）

青杏园林试越罗，映妆残月晓风和。
春山自爱天然妙，虚费筠奁十斛螺。

炎炎夏日，蝉鸣鸟唱，浓绿扑面，忽有一场凉雨袭来，傍晚方歇。纳兰容若携妻子出来散步，雨后黄昏最是宜人，行至池塘边，卢氏玩心大起，从荷包中取出未剥开的莲子，向池中抛去，并央求丈夫也这样做。

"或许明年便能长出并蒂莲呢？"卢氏笑道。纳兰容若听罢，心中柔软，也将莲子投入池塘。晚间回房后，便写下诗句：

四时无题诗（其七）

水榭同携唤莫愁，一天凉雨晚来收。

戏将莲菂抛池里，种出花枝是并头。

卢氏虽嫁入高门，却对丈夫的日常生活打理亲力亲为，体贴细心。她时刻关注着纳兰容若衣物的增减，也常常亲自下厨。在丈夫外出晚归的日子，即使月满中天，她也要点燃蜡烛，一边做些女红，一边等待良人归来。纳兰容若总是劝她早些休息，不必苦等，但她怎会听劝？那些绵绵情意，随着一针一线，成为里衣、荷包等物，细细密密地包裹住他。

这一晚，卢氏想着春日将至，丈夫定少不了与朋友外出踏青，便接连几晚都在绣着新鞋子。纳兰容若披星戴月归来，看到妻子暖融融的笑脸，备感温暖，又看她手边的活计，心疼道："累坏了眼睛可怎么办？交给房内的人做便好。"

卢氏温婉一笑道："无妨，是我想亲手做。何况，我还想等着你。"纳兰容若还能说些什么呢？只能把妻子拥入怀中，无言地表达自己的感动。

待二人躺下时，卢氏因刚才做活儿有了困意，翻来覆去地睡不着。纳兰容若只得将时下流行的《紫钗记》再读上两回，哄她入睡。于是，一首无题诗又成：

四时无题诗（其一）

挑尽银灯月满阶，立春先绣踏青鞋。

夜深欲睡还无睡，要听檀郎读《紫钗》。

"檀郎"最早指西晋时的潘安，小字"檀奴"，姿仪秀美，是历史上有名的美男子。人们常用"貌比潘安"来赞美形貌俊秀的男子，又以"檀郎"代指女子的如意郎君。李后主曾有名句"绣床斜凭娇无那，烂嚼红茸，笑向檀郎唾"，生动地描绘出女子向情郎撒娇的情态，正如"要听檀郎读《紫钗》"的卢氏一般烂漫可爱。

《四时无题诗》总共有十八首，皆能看见二人相处时的如胶似漆，既有吟风弄月的娴雅，也有刺绣描眉的缠绵，读来令人羡慕不已，真可谓"只羡鸳鸯不羡仙"。

卢氏平日里高贵端庄，是纳兰府上下爱戴的少夫人。然而，在纳兰容若面前，她却时而温婉，时而俏皮，宛如一个小女子。她胆子小，无论多晚，总是要等着良人归来才能安然入睡。有时，纳兰容若看着她熟睡的娇颜，竟然找不出合适的语言来形容这美好的场景。

浣溪沙

十八年来堕世间，吹花嚼蕊弄冰弦。多情情寄阿谁边？

紫玉钗斜灯影背，红绵粉冷枕函偏。相看好处却无言。

这首《浣溪沙》首句直接化用了李商隐的《曼倩辞》中的"十八年来堕世间，瑶池归梦碧桃闲"。有传说认为，东方朔（字曼倩）是天上岁星所化，曾在汉武帝身旁随侍十八年。纳兰容若心中将妻子比拟为天宫仙子，方有此句。而"相看好处却无言"，则道尽了他此时的心满意足，颇有"一切尽在不言中"的韵味。纳兰词中甚少有这样欢乐甜蜜的爱情词，除此外，还有《眼儿媚》一首：

眼儿媚

重见星娥碧海查，忍笑却盘鸦。寻常多少，月明风细，今夜偏佳。

休笼彩笔闲书字，街鼓已三挝。烟丝欲袅，露光微泫，春在桃花。

这首词主要抒发的是夫妻别后重逢的喜悦之情，首句便开门见山写重逢之景。星娥即指织女，李商隐《圣女祠》曾有云"星娥一去后，月姊更来无？"此处以织女指代妻子，除了对其美貌的赞美外，更重要的还是以"牛郎织女"相聚之难的典故，来衬托二人的情真意切。卢氏见到丈夫也十分高兴，笑意盈满美目，重新盘起自己如鸦羽一般的秀发，矜持地克制自己飞扬的心情。窗外明月高悬，和风习习，虽然平日常有这样的夜晚，但今天因二人重逢，夜色便格外动人起来。

有如此佳人在侧，纵使有再多的锦绣文章，也不必书写了，怎么能辜负这良辰美景呢？"露光微泫"化用谢灵运"岩下云方合，花上露犹泫"之句，用以形容卢氏姣好如花的面容，笔触清新婉约，情景交融互衬，意犹未尽之时便已搁笔，留给读者无限的联想空间，结尾余味悠长。

卷四　共君此夜须沉醉

第一章
青眼高歌俱未老——见顾贞观

　　康熙十五年（1676年）对纳兰容若来说是极为重要的一年，因病耽搁殿试的三年匆匆而过，他终于考中二甲第七名进士，以"纳兰成德"之名被载入《进士题名录》；他在此年还遇到了生命中极为重要的一位朋友，他们互相成就，互为知己。《清史稿》中，他与这位朋友被写入同一篇传记，二人的友谊成为中国文学史上极动人的一笔。

　　人与人的交情之深，有时不取决于相处时间的长短：有人为总角之交，待到白首，亦如刚刚相识；有人只是偶然相逢，不过一杯酒、一句话，便已如多年老友般互知心意，古人云："有白头如新，倾盖如故。"

　　纳兰容若向来交友广泛，其中不乏才华横溢、享誉天下者。但若只取最重要的一位，毫无疑问，必然是生死之交顾梁汾。纳兰容若的成名之作，也正是写给他的《金缕曲》。值得一提的是，这首词还曾出现在金庸先生的作品《书剑恩仇录》中，正是乾隆与陈家洛这对兄弟首次相见的场景：

　　　　东方耳（乾隆化名）又道："纳兰公子绝世才华，自是人中英彦，但你瞧他词中这一句：'且由他蛾眉谣诼，古今同忌。身世悠悠何足问，冷笑置之而已。'未免自恃才调，过于冷傲。少年不寿，词中已见端倪。"说罢双目盯住陈家洛，意思是说少年人恃才傲物，未必有甚么好下场。陈家洛笑道："大笑拂衣归矣，如斯者古今能几？向名花美酒拚沉醉。天下事，公等在。"这又是纳兰之词。

不得不说，这里二人用以打机锋的《金缕曲》确实精彩，也为这场明争暗斗渲染了刀光剑影的氛围，而这首词的全貌何如？

金缕曲（又名贺新凉）·赠梁汾

德也狂生耳。偶然间、缁尘京国，乌衣门第。有酒惟浇赵州土，谁会成生此意？不信道、遂成知己。青眼高歌俱未老，向樽前、拭尽英雄泪。君不见，月如水。

共君此夜须沉醉。且由他、蛾眉谣诼，古今同忌。身世悠悠何足问，冷笑置之而已。寻思起、从头翻悔。一日心期千劫在，后身缘、恐结他生里。然诺重，君须记。

清代徐釚《词苑丛谈·品藻三》中记载："画侧帽投壶图，长白成容若题《贺新凉》（即本词）一阕于上云……词旨欹奇磊落，不啻坡老、稼轩，都下竞相传写。于是教坊歌曲间，无不知有侧帽词者。"可见这首词一经传出，便令纳兰容若名动天下。

开篇"德也狂生耳"便是奇句，好一番疏宕不拘的气魄，令人不禁想起李白"我本楚狂人"的狂放，与纳兰平日婉约谦逊的口气大不一样，干脆利落，直指人心，有稼轩豪放之风。在别人看来，我是一介贵胄纨绔，但在我心中，你我都是一样的狂生，我只是运气好，出生在"乌衣门第"中而已。因为我的家世，许多人接近、奉承我，但谁能理解我"有酒惟浇赵州土"的心情呢？这一番自陈心迹是慷慨激昂、气势不凡的，能看出纳兰容若此时心中的激动与快慰。

"君不见，月如水"为上片结尾，承上启下，正值明月如水，何妨举觞痛饮。自古木秀于林便多招人嫉妒，别有用心的人便以谣言攻击，实在不必在意，"冷笑置之"又有何妨。"一日心期千劫在"，如今既见知己，以心相交，无论时间更迭、生灭成坏，都不会改变你我的交情，现下的郑重承诺都是我肺腑之言，你可一定要记住我们的约定。

纳兰的"侠肠俊骨"都在这篇超妙的词中体现得淋漓尽致，而被他如此"青眼有加"的顾贞观，究竟为何许人也？

顾贞观，原名华文，字远平、华峰，号梁汾，无锡人，是明末清初最耀眼的文人之一。在纳兰容若未成名时，他便与陈维崧、朱彝尊并称"词家三绝"，后又与纳兰容若、曹贞吉被赞为"京华三绝"。顾贞观出生于名门望族，曾祖父顾宪成是晚明东林党的领袖，他的名言"风声雨声读书声，声声入耳；家事国事天下事，事事关心"，跨越百年岁月，仍有余音。家学渊源下，顾贞观自幼善诗词、通经史，少时便在江南文坛声名鹊起，有"飞觞赋诗，才气横溢"之誉，是"慎交社"的骨干之一。更难得的是，顾贞观的风神气度亦是不凡，连严谨的史书都记载："贞观美风仪，才调清丽，文兼众体，为人俊爽，笃古谊"，他实在是一位令人倾倒的风流名士。

顾贞观在二十四岁时寓居于萧寺，以"落叶满天声似雨，关卿何事不成眠"之诗，被江左三大家之一的龚鼎孳称赏，在京城文人圈崭露头角。康熙五年（1666年），顾贞观中举，时任国史院典籍，负责修撰清朝历史，当时很受康熙帝的器重。三年后，他伴驾出巡，那是他一生难忘的意气岁月："难忘，当年此际，正戏马高台，扈跸长杨，又翻经蕉苑，甘露分尝"。

然而，顾贞观虽经纶满腹，却心性纯直，孤高自许，不通官场世故，又常出语抨击不平之事，为官时处处碰壁，最终去职卸任。后因怀才不遇、壮志未酬，写下"况爱闲多病，乡心易逐，阻风中酒，浪迹难招"等苍凉之词，自称"第一飘零词客"。顾贞观早已看透，自己做学问虽然尚可，但混官场需要八面玲珑、长袖善舞，他着实没有天赋，便歇了做官的心思，归乡去也。

五年后，满身萧索的顾贞观因迫于生计和另有要事，再度进京，经过慎交社同门徐乾学的介绍，来到明珠府为纳兰容若做塾师。纳兰容若早已对顾贞观的才学仰慕已久，二人一见如故，心意畅快之下，纳兰容若便作《金缕曲》赠与顾贞观，劝慰他不必顾及身份的差别，只念二人的交好。顾贞观得纳兰真心相待，也十分感动，步韵而作《金缕曲》，同样也是难得的佳作：

金缕曲·赠容若见赠，次原韵

且住为佳耳。任相猜、驰笺紫阁，曳裾朱第。不是世人皆欲杀，争显怜才真意。容易得、一人知己。惭愧王孙图报薄，只千金、当洒平生泪。曾不直，一杯水。

歌残击筑心欲醉。忆当年、侯生垂老，始逢无忌。亲在许身犹未得，侠烈今生已已。但结托、来生休悔。俄顷重投胶在漆，似旧曾、相识屠沽里。名预籍，石函记。

坎坷人生四十年，顾贞观竟然还能遇到情深如此的知己，也是大为感怀。"不是世人皆欲杀，争显怜才真意"化用杜甫"世人皆欲杀，我独怜其才"，正是杜甫用以怀念友人李白的诗句，顾贞观化用此典正形成两相呼应，寓意二人友情也如同李杜的交情一般。这首词全篇依着纳兰的步调，认真地回应了友人的剖白，纳兰收到后也是高兴不已。

一首《金缕曲》令纳兰容若名动天下，但此刻他并不在意这些身外之事。如冯梦龙在《喻世明言》中所言："合意友来情不厌，知心人至话相投"，他们二人有太多共同话题，诗词、经史、书画，常常彻夜长谈、抵足而眠。得此倾盖之交，纳兰容若一时喜不自胜。

只是时间长了，纳兰容若发现好友有些郁郁寡欢，便出言询问。顾贞观欲言又止，面上有些羞惭之色。纳兰容若观其神色，劝慰道："你若有难处，定要说出来，你我知己二人，自不必见外。"

顾贞观沧桑的面容浮起一丝苦笑，他沉吟片刻，说出了这件郁结心头的十八年的旧事，也是他再度进京的原因——他想救一位慎交社的旧友——吴兆骞，但牵涉的却是一件关系重大、牵连甚广的旧案。纳兰容若大吃一惊，他未曾想到，友人忧愁的事情竟然令他也如此为难！

第二章
盼乌头、马角终相救——丁酉科场案

在清词史上，有一篇组词以其荡气回肠、可歌可泣的情感，被誉为千年词史中"不可无一，不能有二"的佳作，这便是顾贞观所写的《金缕曲》。若要阐明这些词作的惊心动魄之处，我们的故事还得从清朝四大奇案之一的丁酉科场案说起。

顺治十四年（1657 年），江南乡试爆出了重大的营私舞弊丑闻，一时间街头巷尾议论纷纷，满城风雨。本就对"顺天科场舞弊"事件感到恼火的顺治帝，对此更是震怒，下令彻底追查，而审查结果证实了确有考官受贿的事实。于是，帝王下令将这一科所有举子押送至北京城，他要亲自主持复试。在这些举子中，便有江南才子吴兆骞。

吴兆骞，字汉槎，号季子，吴江人。他天资聪颖，少有俊才，九岁时便创作了《胆赋》，十岁时完成了《京都赋》，在江南文坛名声大噪。他与彭师度、陈维崧并称"江左三凤凰"。吴兆骞成名甚早，性格中带有心高气傲与愤世嫉俗，曾对好友放言"江东无我，卿当独秀"，因而招致了许多敌意与嫉妒。顺治六年（1649 年），慎交社成立，吴兆骞与尤侗、计东、顾贞观、徐乾学等文人纷纷加入。其中，二十四岁的吴兆骞对十八岁的顾贞观格外赏识，两人结为知己好友，为多年后一场感人肺腑的佳话埋下了伏笔。

顺治十五年（1658 年），已金榜题名的所有江南举子再次被拘捕至中南海瀛台，"师生牵连就逮，或就地立械，或于数千里之外银铛提锁"，参加了一场由顺治帝亲自监考的考试，其荒谬程度令人咋舌。每名举子身旁至少有两名护军持刀监考，这使得本已担惊受怕的文人们如同惊弓之鸟，许多人被吓得"栗栗危惧"。考试结果公布，有十四人因文理不通被革去功名，而交了白卷的，便是吴兆骞。

关于素有才名的吴兆骞为何交了白卷，有几种说法：有人认为他恃才傲物，不满被当成"舞弊"犯人一样被迫再试，在考场中曾嚷出"焉有吴兆骞而以一举人行贿者乎？"；也有人认为，他胆小如鼠，因被刀剑环伺，又一路颠簸受苦，才一字未成。无论是何原因，交白卷已成事实，吴兆骞以往得罪的小人不少，他们正可趁此机会落井下石。而此时的顺治帝刚痛失爱妃，又有"杀鸡儆猴"震慑江南之心，处理此案更是毫不留情。即使吴兆骞才名远扬，考场行贿的可能性非常低，但同样被视为舞弊，家产充公，责打四十大板，举家流放至宁古塔——那个重冰积雪的苦寒之地。

宁古塔实际上与"塔"无关，这个地名来自满语的音译。这里曾是清朝皇族先祖兄弟六人（"宁古塔"为满语"六个"）居住之地，故名为"宁古塔贝勒"。随着时间的流逝，逐渐简称为"宁古塔"。宁古塔早先为所辖区域的总称，包括如今东北地区的宁安、海林、穆棱、绥芬河、东宁等地。

吴兆骞被流放的那一天，众多士人前来为他送行。朋友们泣不成声，还有许多友人赠诗以表达惜别之情。在当时，流放至宁古塔几乎等同于被判了死刑，正如吴伟业在长诗《悲歌赠吴季子》中所言："山非山兮水非水，生非生兮死非死"。即便有幸存活，此生相见的机会也极为渺茫。诗的末尾更是直抒胸臆："噫嘻乎悲哉！生男聪明慎勿喜，仓颉夜哭良有以，受患只从读书始，君不见，吴季子！"这不仅表达了对吴兆骞蒙冤流放的深切同情，也隐含了对朝廷高压政策的不满，这种情绪在当时并不罕见。

吴伟业，字骏公，号梅村，被誉为"江左三大家"之一，是清朝文学界的领军人物。他的《圆圆曲》中有名句"恸哭六军俱缟素，冲冠一怒为红颜"，流传至今。他与吴兆骞情同手足，彼此之间有着深厚的友谊。

在送别的人群中，顾贞观忧心忡忡，他虽刚及弱冠之年，却怀有一腔青年的热血与豪情。他坚定地对吴兆骞说："吴兄放心，我一定想方设法救你回来，你可一定要保重自己。"吴兆骞满心酸楚，几乎不能言语。经此大难，他深知顾贞观的承诺何等珍贵，尽管明白获救的希望渺茫，但他仍愿保持这一线希望。他含泪回应顾贞观："好，我一定好好等着。"《无锡金匮县志·文苑》如实记录了这一场景："兆骞戍宁古塔，贞观洒涕，要言曰：'必归季子'。"

吴兆骞这一等，便是漫长的二十三年。他的大半生都在那凛冽的风雪中苦熬度过，其中艰辛令人唏嘘。

> 宁古寒苦天下所无，自春初到四月中旬，大风如雷鸣电激咫尺皆迷，五月至七月阴雨接连，八月中旬即下大雪，九月初河水尽冻。雪才到地即成坚冰，一望千里皆茫茫白雪。
>
> ——吴兆骞《上父母书》

在吴兆骞被流放至宁古塔的那一年，纳兰容若还是个五岁的幼童，当时他们之间并无任何联系。即便是最聪慧的人，也难以预料到未来他们将在历史上共同书写下曲折离奇的篇章。然而，这正体现了纳兰容若的本性——他一生以情为重，愿意为朋友两肋插刀。

顾贞观的承诺重如泰山，他入京为官后，尽管仕途坎坷，也从未忘记对友人的承诺，但处处碰壁，无人愿意触碰这个棘手的问题。在官场艰难跋涉的十年间，年号已由顺治更迭为康熙，时代变迁，世事巨变，翻案的可能性愈发渺茫。更何况，他自身也已陷入困境，实在是心有余而力不足。

顾贞观辞官回乡后，一度陷入绝望。但命运似乎又对他显露了一丝怜悯。他从当年的慎交社成员徐乾学和同乡严绳孙那里得到了一丝希望——权臣明珠的长子纳兰容若，不仅具有柔情侠骨，而且乐于与汉族文人交往，或许季子归来的最后一线希望便寄托在他身上。

与纳兰容若相识后，顾贞观终于找到了机会，将当年的来龙去脉和盘托出，恳求对方伸出援手，让已在北境蹉跎近二十年的吴兆骞得以重返故乡。纳兰容若得知此事后，感到十分为难，此案是先帝所裁决，又涉及江南科场，事体重大；他当时尚未有官职，而他的父亲明珠为人谨慎，愿意承担此风险的可能性极小。面对友人充满期待的目光，纳兰容若只能艰难地表示拒绝，内心感到无比愧疚。

顾贞观在被婉拒后感到有些灰心，但每当想到吴兆骞在冰天雪地之中，过着只能嚼冰解渴、煮稗充饥的生活，他就知道自己绝不能放弃。虽然一时未能成功，但他仍可以等待下一次机会。直到冬日，寓居在千佛寺的他收到了一封夹带着霜雪的信，寄信者正是远在千里之外的吴兆骞。信中的字句充满了悲凉与凄恻："塞外苦寒，四时冰雪，鸣镝呼风，哀笳带血，一身飘寄，双鬓渐星。妇复多病，一男两女，藜藿不充，回念老母，茕然在堂，迢递关河，归省无日。虽欲自慰，只益悲辛……"读罢，顾贞观心如刀绞，热泪盈眶。在深深的悲痛中，他看着这封字字泣血的来信，忽然有了一个想法：既然自己身无长物，唯有词才，为何不尝试以词代信呢？

于是，在清词史上最为闪耀的组词就此诞生。著名收藏家、诗词家张伯驹先生称之为"生死交情金缕曲"，后人也称之为"赎命词"。

第三章
绝塞生还吴季子——必归季子

金缕曲（其一）

（寄吴汉槎宁古塔以词代书，时丙辰冬，寓京师千佛寺冰雪中作）

季子平安否？便归来，平生万事，那堪回首！行路悠悠谁慰藉？母老家贫子幼。记不起、从前杯酒。魑魅搏人应见惯，总输他、覆雨翻云手。冰与雪，周旋久。

泪痕莫滴牛衣透。数天涯，依然骨肉，几家能够？比似红颜多薄命，更不如今还有。只绝塞、苦寒难受。廿载包胥承一诺，盼乌头、马角终相救。置此札，君怀袖。

金缕曲（其二）

我亦飘零久。十年来，深恩负尽，死生师友。宿昔齐名非忝窃，只看杜陵消瘦。曾不减、夜郎僝僽。薄命长辞知己别，问人生、到此凄凉否？千万恨，为君剖。

兄生辛未吾丁丑。共些时，冰霜摧折，早衰蒲柳。词赋从今须少作，留取心魂相守。但愿得、河清人寿。归日急翻行戍稿，把空名、料理传身后。言不尽，观顿首。

这两首词，顾贞观是写给吴兆骞，更是寄望于纳兰容若，字里行间饱含着吴兆骞与顾贞观这对挚友二十年来的辛酸苦辣，可谓一字一泪，感人至深。一句简单的"季子平安否"，便足以触发泪点，这朴实问候的背后，是顾贞观二十年来不辞辛劳的奔走，只为问一句："我的朋友，你还好吗？"清末著名的词论家陈廷焯评价这两首词："二词纯以性情结撰而成，悲之深，慰之至。丁宁告戒，无一字不从肺腑流出，可以泣鬼神矣""只如家常说话，而痛快淋漓，宛转反复，两人心迹"，词如家常话，将彼此的深厚情谊、艰难苦恨、离别愁绪等所有情感一气呵成。

不知吴兆骞在冰天雪地中收到此信时，是何等心情？多少旁观者读到这两首词都会感动不已，更遑论多情至性的纳兰容若。当他读完这两首词，已是泪流满面，情难自禁，被其中的一腔赤诚与真情深深打动。"河梁生别之诗，山阳死友之传，得此而三"，容若终于下定决心，"此事三千六百日中，弟当以身任之，不俟兄再嘱也"。

"临河濯长缨，念子怅悠悠"，李少卿赠别苏武时的三首诗，可称为送别诗的开山之作；"济黄河以泛舟兮，经山阳之旧居"，向秀途经旧友嵇康、吕安故居，闻邻笛声而挥泪作《思旧赋》（亦称《闻笛赋》——刘禹锡"怀旧空吟《闻笛赋》，到乡翻似烂柯人"中所引即此），是悼亡文中最为动人的篇章；而今日之《金缕曲》二首，其情之深、意之切，亦可与河梁生别诗、《思旧赋》相提并论。纳兰容若被深深打动，许下承诺："十年之内，我将把此事视为重中之重，无需兄长再三催促。"

顾贞观听闻此诺，心中波澜起伏，激动不已。然而，十年光阴太过漫长，他忧心好友在那般恶劣的环境中难以支撑。于是，他带着愧疚再次请求："人寿无常，请以五年为期。"吴兆骞已近知天命之年，又有几个十年可以等待？能否在五年之内完成此事？

尽管这是难上加难的请求，但纳兰容若理解顾贞观的苦衷，郑重地答应了。不久，为了安慰这位知己，他还回赠了一首《金缕曲》，以此表达自己救吴兆骞归来的坚定决心：

金缕曲·简梁汾

> 洒尽无端泪。莫因他、琼楼寂寞，误来人世。信道
> 痴儿多厚福，谁遣偏生明慧！莫更著、浮名相累。仕宦
> 何妨如断梗，只那将、声影供群吠。天欲问，且休矣！
>
> 情深我自判憔悴。转丁宁、香怜易爇，玉怜轻碎。美
> 杀软红尘里客，一味醉生梦死！歌与哭、任猜何意。绝塞
> 生还吴季子，算眼前、此外皆闲事。知我者，梁汾耳！

上半阕主要是对顾贞观的宽慰之词。正因为吴兆骞才华横溢，仿若谪仙，才会有"琼楼寂寞，误来人世"的感慨。这似乎印证了"傻人多福"的说法。然而，既然如此，为何老天还要让这样聪明的人才降临人世承受苦难呢？词中提出，浮名、仕宦皆为虚妄，任由世间庸众去附和那些无根无据的流言蜚语，只要能自在随心便好。

这些话既是劝慰顾贞观，也是纳兰容若自己心中憋闷已久的感慨。他本人视名利功名如浮云，却也难免被世上的庸人指指点点。

纳兰容若自己，也一直因"至情"而憔悴，与梁汾（顾贞观）是同道中人。世间美好的东西皆容易消散，如同香草易燃、美玉易碎，俊杰之才也总是命运多舛。"羡杀软红尘里客，一味醉生梦死"令人想起屈原的"众人皆醉我独醒"，世间清醒的人便会格外痛苦，偶尔也会羡慕那些沉醉的人，这是纳兰容若"牢骚"之语。

"绝塞生还吴季子，算眼前、此外皆闲事"一句斩钉截铁，直抒胸臆，是一言九鼎的诺言。"知我者"一句轻轻收住，这一切都为"知己"二字，已不必再多说了。

纳兰容若在"绝塞生还吴季子"中展现出的侠骨仁心，令世人惊叹。吴兆骞与纳兰容若本无深交，仅因顾贞观的挚友之情，纳兰容若在重重困难之下，仍能奋不顾身，伸出援手，这番情意着实重逾千金。谢章铤在《赌棋山庄词话》中感慨道："嗟呼！今之人，总角之交，长大忘之；贫贱之交，富贵忘之。相勖以道义，而相失

以世情；相怜以文章，而相妒以功利。吾友，吾且负之矣；能爱友之友如容若哉！"

在世事变迁中，许多人会忘记旧日的友情，纳兰容若对朋友的忠诚与牺牲，显得尤为难能可贵。

要完成救援吴兆骞的壮举，必须有纳兰容若的父亲——明珠大人出面。明珠历来珍视江南才子，面对爱子纳兰容若和顾贞观的恳切请求，他最终决定出手相助。"绝塞生还"的誓言之重，堪比千钧，展现了纳兰容若非凡的勇气。在当时的政治背景下，实现这一誓言的难度极大——它不仅需要打动当时的最高统治者，还需要朝中有宽松的政治环境。即便明珠是权倾一时的明相，也不能保证百分百成功。

明珠父子联络了愿意为此事出力的徐乾学等江南文人，大家齐心协力，精心策划，步步为营。

是年三月，吴兆骞在宁古塔收到了顾贞观的《金缕曲》以及纳兰容若的信件。随信而来的还有药品等物资，这些对于缓解吴兆骞的心理压力起到了极大的作用。吴兆骞从未想过，为他带来希望的竟是一对满洲权贵父子。顾贞观也曾感慨："知己之感，令人洒泪，此岂汉人中所可得者？"

康熙十七年（1678 年）正月，正黄旗都统、内大臣武默讷和一等侍卫对秦需要远赴长白山祭祀。纳兰容若意识到这是个绝佳的机会，便请求这两位同僚联系吴兆骞，让他有机会献上洋洋洒洒数千字的《长白山赋》。此赋虽主要是歌功颂德，却写得极为精彩、言之有物。赋中辞藻瑰丽，恢宏大气，将长白山的物产丰富与险峻神秘描写得精妙入神。序文中写道："长白山者，盖东方之乔岳山。晋臣袁宏有言曰：东方，万物之所始，山岳，神灵之所宅，我国家肇基震域，诞抚乾图，景历万年，鸿规四表，则兹山者，所以昭应皇舆，合祥帝室，与有巢之石楼，少典之轩台，同焜耀于方载者也，皇上圣文临宁，神武膺符，庆洽人只，化隆海岳，仰钦祖德，报礼神邸……"这番话非常符合康熙帝的心意。康熙帝看完后极为赞赏，当即询问作者，似有赦免之意。只可惜，"然有作梗者，召还未果"。

虽然召回尚未成行，但吴兆骞已在康熙帝心中留下了深刻印象。几年间，尽管明珠父子等人想尽了种种办法，但都未能成功。直到康熙二十年（1681年），朝廷颁布了一项政策——"举隐逸，旌节孝，恤孤独，罪非常赦不原者悉赦除之。"这个政策的出台，为吴兆骞的赦免提供了绝佳时机。此时正当乘胜追击，明珠在朝中积极斡旋，纳兰容若也多次上奏章，终使朝廷有所让步，允许吴兆骞"以银赎罪归乡"。因此，纳兰容若与徐乾学、徐元文以及大学士宋德宜等人共同努力，筹集了两千金。明珠再次向康熙帝陈情，终于获得了赐予归乡的诏书。自纳兰容若立下"五年为期"的誓言起，恰好过去了五年。

康熙二十一年（1682年），历经北国风雪、鬓发已斑白的吴兆骞，终于得以携妻儿返回京城。纳兰容若与徐乾学为他的归来筹备了一场盛大的洗尘宴。遗憾的是，顾贞观因母亲逝世，匆匆返乡奔丧，未能出席此次盛会。吴兆骞归来的消息令江南文坛振奋，诸多文人雅士纷纷前来参会。在宴席上，徐乾学即兴赋诗一首，以庆祝好友的重逢：

喜吴汉槎南还

惊看生入玉门关，卅载交情涕泗间。
不信遐陬生马角，谁知彩笔动龙颜？
君恩已许闲身老，亲梦方思尽室还。
五雨风清南下好，桃花春涨正潺湲。

纳兰容若情绪高涨，亦挥毫泼墨，和诗一首以赠：

喜吴汉槎归自关外，次座主徐先生韵

才人今喜入榆关，回首秋笳冰雪间。
玄菟漫闻多白雁，黄尘空自老朱颜。
星沉渤海无人见，枫落吴江有梦还。

不信归来真半百，虎头每语泪潺湲。

最后一句的"虎头"所指为顾贞观，虽然许多人将此次归功于他的父亲明珠，但容若却时常提及顾贞观的贡献，因为他深知好友并非邀功之人。后来发生的一段小插曲是，吴兆骞归京后对顾贞观产生了一些误解。明珠得知后，将他带到书房，只见墙上写着："梁汾为松陵才子吴汉槎屈膝处"。吴兆骞见状，不禁老泪纵横，心高气傲的顾贞观竟然为了他多次忍辱负重。此后，吴兆骞向顾贞观诚挚道歉，两人的友谊因此变得更加深厚。

细心的纳兰容若担心吴兆骞归京后生活无着，便聘请他为二弟揆叙的塾师，让他"三载宾筵，锦衣鼎食"。康熙二十三年（1684年），吴兆骞在京城病逝，远在江南的纳兰容若匆匆返京，为其料理后事，并亲自护送灵柩回吴江老家安葬。他尽心竭力，仁至义尽，真正做到了"生馆死殡"，传为千古佳话。

第四章
脉脉此情谁识得——性灵初成

或许最初，顾贞观接近这位出身贵族的"乌衣公子"纳兰容若，确有几分目的性，但两人一经邂逅，便如同旧友重逢，相处时早已不顾虑现实的利益，倾心相交。经过数年的交往，他们结成了志同道合、情同手足的至交，终生不渝。纳兰容若一生交友广泛，但顾贞观永远是最特别的一位。

《清稗类钞》有云："容若风雅好友，座客常满，与无锡顾梁汾舍人贞观尤契，旬日不见则不欢。"他们总有说不完的话，无论是在纳兰家的渌水亭，还是在桑榆墅，都留下了他们谈古论今的身影。桑榆墅中矗立着一座三层高的楼阁，视野开阔。黄昏时分，两人并肩登楼远眺，耳畔是悠扬的晚钟，眼前是归巢的飞鸟与归栏的牛羊，地平线上一片苍茫，广阔的天地令人心胸豁然开朗。在这样的景致中，他们畅饮几杯，仿佛世间所有的忧愁都随着酒香飘散。纳兰容若的《桑榆墅同梁汾夜望》一诗，便是记录那时二人共同赏景的情形：

桑榆墅同梁汾夜望

朝市竞初日，幽栖闲夕阳。

登楼一纵目，远近青茫茫。

众鸟归已尽，烟中下牛羊。

不知何年寺，钟梵相低昂。

无月见村火，有时闻天香。

一花露中坠，始觉单衣裳。
置酒当前檐，酒若清露凉。
百忧兹暂豁，与子各尽觞。
丝竹在东山，怀哉讵能忘！

　　多年后，容若离世，顾贞观在一次回忆中感慨道："呜呼！容若已矣，余何忍复拈长短句乎？是日狂醉，忆桑榆墅有三层小楼，容若与余昔年乘月去梯，中夜对谈处也。"那夜，他们举杯畅饮，纵论古今，酒意与兴致并浓，以至于忘却了时间的流逝。为了不被人打扰，容若令人撤去楼上的梯子，决心与好友畅谈到尽兴才肯休息。这一幕，正是"共君此夜须沉醉"的最真实的写照。

　　这段时光，或许是纳兰容若一生中最宝贵的时刻：有爱妻卢氏红袖添香，有挚友顾贞观携手同游。正是在这一时期，他开始编纂自己的第一本词集——《侧帽集》。"侧帽"一词，最早源自北魏年间的独孤信，他不仅文武双全，更是当时的"全民明星"。一次打猎归来，因急于回城，帽子被风吹歪也无暇顾及，却无意中引领了一种风尚。第二天，全城男子纷纷效仿，歪戴帽子，从此"侧帽"便成了形容潇洒风流、放浪不羁的年轻男子的代表。

　　晏几道曾写"侧帽风前花满路"，取其俊逸倜傥之意。顾贞观曾有一幅画像，画中他侧帽轻衫，风韵依然，容若对此画极为欣赏，并为其题词《金缕曲·赠梁汾》，这首词迅速传唱开来，人们甚至将《金缕曲》的词牌称为"侧帽词"，其影响力可见一斑。纳兰容若当时正值意气风发之年，以"侧帽"为词集命名，的确恰如其分。

　　《侧帽集》一经出版，便获得了许多词坛大家的赞誉，纳兰容若在词坛上的名声也随之大噪。当时清代词坛有两大主流词派：朱彝尊领导的浙西词派和陈维崧主导的阳羡词派。纳兰容若的词风清新隽永，反对雕琢矫饰，主张以真情动人，与这两派的风格都大不相同，已形成了自己独特的艺术风格。

　　谢章铤在《赌棋山庄词话》中写道，对于清代词坛的领军人物，有人认为有三位可以一较高下："竹垞（朱彝尊）以学胜，迦陵（陈维崧）以才胜，容若以情胜。"将纳兰容若的词作特色归结为一个"情"字，确实显示了独到的洞察力。纳兰容若的好友顾贞观在为《饮水词》作序时，开篇即言："非文人不能多情，非才子不能善怨。"这表明，只有创作者灌注了真挚情感，作品才能触动人心。况周颐在《蕙风词话》中评价纳兰容若"真字是词骨"。纳兰容若的词大多采用白描手法，给人以直观、生动的美感。他的直白并非浅显，而是源于词人内心真情的"不得不言"，这种情感更易引起广泛共鸣。正因为他直抒胸臆，读者初读便能深受感动，而其真挚的情感与深沉的人生感怀也经得起反复揣摩与思索，这正是他的词作能在几百年间广为传唱的原因。

在词作风格上，纳兰容若并不特别青睐南宋词人的作品，而更倾向于研究五代、北宋时期的佳作。他最推崇的词人是李煜（李后主）。纳兰容若在《渌水亭杂识》中写道："花间之词，如古玉器，贵重而不适用；宋词适用而少贵重。李后主兼有其美，更饶烟水迷离之致。"因此，他的词作既继承了李后主的"兼有其美"的特色，又展现出超越李后主的豪放与苍茫。

目前网络上流传一种说法，认为王国维将纳兰容若视为"北宋以来，一人而已"的最优秀的词家。这实际上是对王氏原意的断章取义。王国维在评价纳兰容若时，本意是赞美纳兰词的真切清新、不事雕琢："纳兰容若以自然之眼观物，以自然之舌言情。此由初入中原未染汉人风气，故能真切如此。北宋以来，一人而已。"

在《渌水亭杂识》中，纳兰容若明确阐述了他对写诗的看法，认为诗是心声的抒发："作诗欲以言情耳。"在他看来，才华、学识、性情三者中，虽然才华与学识也很重要，但性情才是决定作品艺术价值的关键。他强调："诗取自适，何必随人""人各有情，不能相强"。从现代视角看，诗词创作也是一种艺术创作，而艺术之所以能深深打动人心，往往正是因为作者独特的性情本真。

自古以来，文人多以词来表达艳情，常在丝竹歌舞、应酬场合中助兴，因而"词"往往被认为难登大雅之堂。然而，纳兰容若持有不同见解，他认为："曲起而词废，词起而诗废，唐体起而古诗废。作诗欲以言情耳，生乎今之世，近体足以言情矣。好古之士本无其情，而强效其体以作古乐府，觉无谓。"在他看来，文体是随着时代的发展而自然演变的，只要能够表达情感，体裁形式并不重要。既然作诗受到重视，那么词也应与诗享有同等地位，作词同样需要"性灵"。

纳兰容若逐渐有了"京华三绝"的名号，成为清初词坛的重要人物。在多年的词作实践中，他逐渐形成了独特的创作思路。更令他感到欣喜的是，他遇到了知己顾贞观。陈廷焯在《白雨斋词话》中评价顾贞观的词："顾华峰词全以情胜，是高人一著处"，这与纳兰容若"以情胜出"的词风不谋而合。在词的创作上，顾贞观也认为无论是诗、词还是乐府，都是为了抒情而作，并无高低之分："诗之体，至唐始备，然不得以五七言律绝为古诗之余也。乐府之变，得宋词而始尽，然不得以长短句之小令、中调、长调为古乐府之余也。词且不附庸于乐府，而谓肯寄闰于诗耶？"两人的主张不谋而合，于是决定携手汇编一本词集，选录明清两朝一百八十四位词人的作品，以阐释他们的创作理念，这便是《今词初集》。

选编词集往往是一个流派形成的序曲。他们倡导的"性灵词派"，强调作词要以"发乎于情"为核心，以深厚的学识为基础，追求纯净自然之美，而非大量堆砌辞藻和引用典故；同时，反对盲目仿古，力求创新。鲁超在为《今词初集》作序时写道："容若旷世逸才，与梁汾持论极合。采集近时名流篇什，为《兰畹》《金荃》树帜，期与诗家坛站并峙古今。"当时，阳羡派和浙西派两大词派分庭抗礼，随着性灵词派的横空出世，本可形成三足鼎立之势，对推动清朝词学的发展和繁荣产生积极影响。遗憾的是，由于纳兰容若的早逝，这一词派最终未能成型。然而，他们的"性灵之说"继承了李贽的"童心说"，并为后来袁枚的"性灵派"奠定了基础。

虽然"性灵词派"随着纳兰容若的早逝"未几辄风流云散"，但我们仍能从他的词作中品读出"纯任性灵"的风骨气韵，其中，《采桑子》最能代表他的词风：

采桑子·塞上咏雪花

非关癖爱轻模样，冷处偏佳。别有根芽，不是人间富贵花。

谢娘别后谁能惜？飘泊天涯。寒月悲笳，万里西风瀚海沙。

"不是人间富贵花"一句，仿佛从纳兰容若灵魂深处发出的声音，成为对他一生追求的最好注解。这首词是纳兰容若在伴驾塞外时所写的咏物词，通过吟咏雪花，表达了自己不热衷功名利禄、不与世俗同流合污的高尚情操。

创作咏物诗词并不容易，若不能融入真情实感，便容易沦为陈词滥调。然而，纳兰容若的这首词作却格外真挚感人，因为他在其中总结了自己的人生，并把感悟寄托于雪花之上：他不喜热闹繁华，所以"冷处偏佳"，不是人间繁华处的"富贵花"；爱妻"谢娘"去世后，再无人能如此懂他怜他，因此感到"飘泊天涯"。在塞外的寒月下，他聆听西风与胡笳的声音，心生感慨，创作出这首充满悲怆之情的作品。

这首词逐字逐句都流露出真挚的情感，不落俗套，即使放在咏物名篇之列，也是难得一见的佳作。此篇不仅是纳兰容若"写心"之作，展现了他"纯任性灵，纤尘不染"的词风，而且对于研究他的人生和创作心路历程也具有极其重要的价值。

第五章
一片伤心欲画难——送别知己

康熙十六年（1677年）底，卢氏的离世和被擢升为三等侍卫给纳兰容若的生活带来了巨大变化。频繁的扈驾远行让他的精力大不如前，他决定将《侧帽集》重新整理印刻，并将手稿全部交给了知己顾贞观，委托他全权代理此事。在此期间，他创作了《虞美人》一词：

虞美人

凭君料理花间课，莫负当初我。眼看鸡犬上天梯，黄九自招秦七共泥犁。

瘦狂那似痴肥好，判任痴肥笑。笑他多病与长贫，不及诸公衮衮向风尘！

纳兰容若酷爱《花间集》的哀婉缠绵，他的词作也深受其影响，因此他以"花间词"代称自己的词集。对文人而言，作品如同自己的孩子，凝结了自己的经历、情感、抱负和情怀。纳兰容若最在意的是"莫负当初我"，即不违背他最初的文学追求。他能将作品托付给顾贞观，并说出"凭君料理"四个字，可说是既信任好友人品、又佩服其才华的表现了。

顾贞观带着《今词初集》和"容若词集"的任务南下，非常用心地操办，最终不负好友所托，两部作品双双刻印完成。他还郑重恳托有"红豆词人"之称的吴绮为容若写序，但吴绮一开始并不愿意。

吴绮，字薗次，号听翁、丰南，江都（今江苏扬州）人。他曾是顺治年间的贡生，历任弘文院中书舍人、兵部主事、武选司员外郎等职。后来外放地方，曾任湖州知府，以"德政惠民，多风力，尚风节，饶风雅"著称，被百姓誉为"三风太守"，官评甚佳。又因《醉花阴·春闺》中的"把酒祝东风，种出双红豆"之句雅致缠绵，闻名文坛，故有"红豆词人"的雅号。

顾贞观无奈之下，想出一个办法：他在吴绮屋外诵读纳兰容若的词作，相信这些直达人心的词句能够改变吴绮的想法。结果不出所料，吴绮被深深打动，最终写下了一篇声律铿锵、文采飞扬的骈文作为序言。其中一句"非慧男子不能善愁，唯古诗人乃可云怨"切中要害，指出愁与怨之情人皆有之，但要写得入木三分，则非得有"情种"气质不可。纳兰容若正是"才由骨俊，疑前身或是青莲；思自胎深，想竟体俱成红豆"，天生灵性斐然，才能创作出既清新真切又哀婉动人的词句，让人读时仿佛与词人心灵相通。

纳兰容若将原本名为"侧帽风前花满路"的《侧帽集》更改为《饮水词》，取意"如人饮水，冷暖自知"。这一表达源自佛家禅宗的典故，菩提达摩在《血脉论》中提到："道本圆成，不用修证。道非声色，微妙难见。如人饮水，冷暖自知，不可向人说也。"意指个人经历的微妙感受，难以完全向他人传达。纳兰容若在经历了人生的重大变故后，内心增添了许多难以排解的忧愁，正如"如人饮水，冷暖自知，不可向人说也"。

《饮水词》发行后，引起了热烈的反响。《清史列传》中记载其盛况："当时传写，遍于村校邮壁"。纳兰容若的词不仅在文坛广为传播，其朗朗上口、直白动人的特点也使其在民间迅速流传。不久，纳兰容若编订的《合订删补大易集义萃言》与《通志堂经解》也相继完成，这在一定程度上也安慰了正处于人生低谷的纳兰容若。

然而，当时的纳兰容若还无暇过多考虑这些成就。自从爱妻离世后，他时常感到内心的空虚与寂寞，因此格外期盼知己顾贞观能尽快返回北京。在纳兰容若写给严绳孙的信件中，他表达了自己的情感："华峰在都，相得甚欢，一旦忽欲南去，令人几日心闷"。

顾贞观习惯了为生计而四处奔波，纳兰容若则时常牵挂着这位生死至交。他们通过书信和诗词表达彼此的思念之情，其中不乏唱和之作，如《大酺·寄梁汾》：

大酺·寄梁汾

只一炉烟，一窗月，断送朱颜如许！韶光犹在眼，怪无端吹上，几分尘土。手捻残枝，沉吟往事，浑似前生无据。鳞鸿凭谁寄，想天涯只影，凄风苦雨。便砑损吴绫，啼沾蜀纸，有谁同赋？

当时不是错，好花月、合受天公妒。准拟倩、春归燕子，说与从头，争教他、会人言语。万一离魂遇，偏梦被、冷香萦住。刚听得、城头鼓。相思何益，待把来生祝取，慧业相同一处。

烟灭烟起，月升月落，不知不觉中，韶光已逝。在这尘世间，我独自在窗畔赏月，而你却在天涯的某处独自行走，这让我感到一种难以言说的凄凉。即便泪水已经悄然沾湿了信纸，又有何妨？因为此刻已无人与我唱和，只剩下满怀的愁绪和断肠的凄楚。

从主题来看，全文充满了纳兰对友人的深切思念与深情，以及对二人过往时光的追忆。情感层层递进，浓烈而感人，无需过多赘述。但对顾贞观而言，这篇文章有着特殊的意义，尤其是结尾那句"待把来生祝取，慧业相同一处"，更是深深触动了他的心。顾贞观在为纳兰容若所写的《祭文》中回忆道："犹忆吾哥见赠之词有曰：'一日心期千劫在，后身缘、恐结他生里。'又曰：'惟愿把来生祝取，慧业同生一处。'呜呼！又岂偶然之言而他人所得预者耶？"这表明，在顾贞观心中，这篇《大酺·寄梁汾》的分量与纳兰容若赠给他的《金缕曲·赠梁汾》同样重要。但将这两句词连起来看，不禁让人心生悚然之感："来生""他生"的字眼，仿佛预示着纳兰容若早已预感到自己将不久于人世。然而，他早已自知，自己的多病正是因为多情——"多情自古原多病"。但即便如此，又怎样呢？正如欧阳修所言，"莫言多病为多情，此身甘向情中老"，那些天生至情至性的人，他们愿意为情而生，为情而老，最终也为情而死。

后来，为了挽留顾贞观在北京长住，纳兰容若计划在风景如画的渌水亭畔为他搭建一处居所。深知顾贞观不喜奢华，纳兰容若仅修葺了三间草堂，并邀请他前来。草堂建成之际，他满怀喜悦地写下了《满江红》一阕，寄给好友，告知草堂已经落成的喜讯：

满江红·茅屋新成却赋

　　问我何心，却构此、三楹茅屋？可学得、海鸥无事，闲飞闲宿？百感都随流水去，一身还被浮名束。误东风、迟日杏花天，红牙曲。

　　尘土梦，蕉中鹿。翻覆手，看棋局。且耽闲殢酒，消他薄福。雪后谁遮檐角翠，雨余好种墙阴绿。有些些、欲说向寒宵，西窗烛。

若问我为何要建造这三间草屋，实非出于私心。我每日奔波劳碌，无暇欣赏春日杏花，几乎辜负了东风。我希望我的好友能代替我，过上如海鸥般自由的生活。自从殿试后被皇帝选为三等侍卫，纳兰的生活便变得面目全非。这些年来，在仕途上，他深刻体会到官场的复杂与黑暗。这些人情世故与名利浮华，令他感到无比疲倦。由于出身等现实原因，他无法摆脱枷锁，只期盼好友归来，二人能秉烛夜谈，以此慰藉彼此的心灵。

第二年，纳兰容若再次作《寄梁汾，并葺茅屋以招之》，诗中问道："我的朋友，你现在在何处做客？为何还未归来？"他的期盼与思念溢于言表，声声催促好友归来。

寄梁汾，并葺茅屋以招之

　　三年此离别，作客滞何方？随意一尊酒，殷勤看夕阳。

世谁容皎洁，天特任疏狂。聚首美麋鹿，为君构草堂。

康熙二十年（1681年），本是吴兆骞得到释还旨意的一年，顾贞观还来不及高兴，就收到了母亲离世的噩耗，急匆匆回江南奔丧。顾贞观在离开之前，请纳兰容若在小像上题词，纳兰容若便作《鹧鸪天》一首，表达了自己的依依惜别之情：

鹧鸪天·送梁汾南还，为题小影

握手西风泪不干，年来多在别离间。遥知独听灯前雨，转忆同看雪后山。

凭寄语，劝加餐。桂花时节约重还。分明小像沉香缕，一片伤心欲画难。

为梁汾，他写下"一片伤心欲画难"，为卢氏，他也曾作"一片伤心画不成"。这世上的丹青妙手，不知道谁能将"一片伤心"画得成？"凭寄语，劝加餐"，是化用王彦泓的"欲寄语，加餐饭"，但更动人的诗句是它更早的源头，正是两汉民歌中的"弃捐勿复道，努力加餐饭"。人间烟火最能打动人心，质朴的叮咛嘱咐，比多少绮丽的词汇都要感人。

除此外，纳兰容若还作《木兰花慢》与五言律诗《送梁汾》为好友送行：

木兰花慢·立秋夜雨，送梁汾南行

盼银河迢递，惊入夜，转清商。乍西园蝴蝶，轻翻麝粉，暗惹蜂黄。炎凉。等闲瞥眼，甚丝丝、点点搅柔肠。应是登临送客，别离滋味重尝。

疑将，水墨画疏窗，孤影淡潇湘。倩一叶高梧，半条残烛，做尽商量。荷裳，被风暗剪，问今宵、谁与盖鸳鸯？从此羁愁万叠，梦回分付啼螀。

送梁汾

西窗凉雨过，一灯乍明灭。

沉忧从中来，绵绵不可绝。

如何此际心，更当与君别。

南北三千里，同心不得说。

秋风吹蓼花，清泪忽成血！

　　然而，世事无常，顾贞观最终因事未能如约回到京城。直到康熙二十三年（1684年），纳兰容若随康熙帝南巡，才得以在顾贞观的家乡无锡与好友再次相见。他们一同游览了惠山的忍草庵，登上贯华阁赏景，用惠泉之水泡茶，享受了短暂的快乐时光。但快乐总是短暂的，纳兰容若因需继续随侍皇帝，不得不与顾贞观依依惜别。

　　顾贞观万万没有想到，自己在接下来的两年内，竟相继失去了两位至交：吴兆骞与纳兰容若，他们分别在康熙二十三年（1684年）及二十四年（1685年）病逝。往昔的匆匆离别，如今成了永远的别离。顾贞观悲痛欲绝。此后，他改变了自己喜好交游的习惯，辞官归乡，这正是好友容若求而不得的隐逸生活。

　　他在曾与纳兰容若同游的惠山脚下修建了一所书屋，从此专心读书，不问世事。多年后，忍草庵不幸失火，顾贞观得知后，不仅募集善款修缮，还将纳兰容若的生前画像留在了贯华阁中。又因为纳兰容若曾刻有"香界"闲章，顾贞观便将忍草庵改名为香界庵，以此了却好友想要霞友云朋、禅隐山门的夙愿。

第六章
芝兰满座，客尽凌云——落落难合者

纳兰容若曾有词句"有酒惟浇赵州土"，表达了他对赵州平原君的仰慕之情，渴望成为结交天下贤德之士的人物。在他短暂的一生中，纳兰容若确实做到了这一点：在朋友成功时，他真心为友人高兴；在朋友有难时，他则慷慨相助。顾贞观曾称赞他："于道义也甚真，特以风雅为性命，朋友为肺腑。"徐乾学在撰写纳兰容若的墓志铭时也提到："君所交游，皆一时俊逸，于世所称落落寡合者，若无锡严绳孙、顾贞观、秦松龄、宜兴陈维崧、慈溪姜宸英，尤所契厚……"

"落落寡合者"指的是性情孤僻高傲，不易与人为伍的人，这也正是纳兰容若所结交的大部分江南名士的特点。在清朝初年，朝廷对江南士族文人实施了残酷的镇压与打击，许多文人不愿为清朝效力。在这样的背景下，纳兰容若能够超越身份的差距与这些性情中人结为好友，实属难能可贵。

他曾作拟古诗《拟古四十首之二十九》：

拟古四十首之二十九

长安游侠子，黄金视如土。
结交及屠博，安知重珪组。
一朝列华筵，羞与朱履伍。
惜哉意气尽，委身逐倾吐。

时俗尚唯阿，至人亦伛偻。

惟昔有赠言，深藏乃良贾。

此诗声气慷慨激昂，起句便盛赞"长安游侠子"，认为挥金如土结交屠博之辈，方显"良贾"本色，也表达了纳兰容若乐于成为这样的"游侠子"的意向。他平日与达官显贵的交情平平，却常常对性情相合、才华横溢的寒士、明朝遗民等人群慷慨扶持。他曾为在北京无居处者安排食宿，对贫困如洗者赠以银钱，为遭遇不公者发声护持。

张任政先生在《清纳兰容若先生性德年谱》中写道："凡士之走京师，侘傺而失路者，必亲访慰藉；及邀寓其家，每不忍其辞去；间有经时之别，书札、诗词之寄甚频。"纳兰容若的这些行为，不仅彰显了他崇高的品德与风范，更深刻反映了他对友谊的无上珍重以及对道义的不渝执着。

纳兰容若的诸多善举中，除了闻名于世的营救吴兆骞外，还有吴舒凫在《王晫传》中记载的帮助王晫、毛先舒的事迹："成侍卫容若，素未通问，特致书顾太守岱，称毛稚黄、王丹麓两人文行为西泠第一。时开馆修郡志，毛令其子通谒，遂延入馆，王终不往"。

对于性情中人纳兰容若而言，只要是他钦佩赞许的人，不论其出身、年龄大小、富贵清贫，都能成为肝胆相照的好友。康熙十七年（1678年），一场盛事即将到来，使他的身边聚集了多位知己好友——博学鸿词科即将再次开科。

早在入关之初，便有官员向皇太极建议："治天下在得民心，士为秀民，士心得，则民心得矣！"意即士族对平民具有广泛的影响力，因此建议统治者争取士族的支持，以收拢民心、稳定天下。尽管清朝一直宣称会重用汉臣，实际上却存在汉人被严重打压的问题。随后发生的"三藩之乱"使清朝统治者真正意识到"满汉矛盾"的严重性。因此，康熙皇帝在政局逐渐稳定后，采取了多种措施来收揽士人之心，特别是对那些影响力巨大的名士给予了极大的关注。其中一项重要举措，便是举办"博学鸿词科"。

博学鸿词科，简称词科，亦称宏词或宏博，始设于宋高宗绍兴三年（1133年），旨在考拔擅长文学的士子，是科举制度之外的一种选拔人才的特制科目，主要在进士中进一步选拔优秀人才。到了清朝，主要面向那些不愿参与科举或不擅长撰写八股文的文人名士，成为统治者笼络知识分子的手段。该科在康熙、乾隆年间各举行过一次，都产生了深远的影响。考试不问出身和过往，唯才是举，内容包括诗、赋、论、经、史、制、策等，不限秀才举人资格，无论是否担任官职，凡督抚推荐的士子，均可至北京参加考试，考中后便可授官。考试定于三月举行，朝廷还考虑到应试者的实际需要，提供一定的待遇，包括每月发放旅费、衣食费、柴炭银、俸银及米银，十分善解人意。

此次博学鸿词科的开科，既是对人才不拘一格的选拔，也是对以江南名士为代表的士族的一种策略施压。若不参加，似乎就意味着与朝廷为敌。因此，那一年京城汇集了众多英才，包括纳兰容若的好友陈维崧、严绳孙、姜宸英、朱彝尊、秦松龄等。考试共有一百四十三人参加，陈维崧、朱彝尊、秦松龄被评为一等，严绳孙被评为二等，而姜宸英则未能如愿。

这场文人盛会也伴随着多次宴饮聚会。康熙十八年（1679年）春，张纯修邀请纳兰容若、秦松龄、朱彝尊、严绳孙、姜宸英等人到他的西山别墅，举办了一次盛大的雅集。春光明媚，鸟语花香，众人在幽静的林间饮酒赋诗、煎春水品茶、焚香听竹，实在是人间清旷至乐。纳兰容若置身其间，深觉欢畅，于是在夏日，他也邀请了张纯修、朱彝尊、秦松龄、严绳孙、姜宸英、陈维崧等人到渌水亭赏花吟诗。

朱彝尊为此盛事创作了《台城路》一词，记录了此次宴集的盛景：

台城路·夏日，同对岩、荪友、西溟、其年、舟次、见阳，饮容若渌水亭

一湾裂帛湖流远，沙堤恰环门径。岸划青秧，桥连皂荚，惯得游骢相并。林渊锦镜。爱压水虚亭，翠螺遥

映。几日温风，藕花开遍鹭鸶顶。

不知何者是客，醉眠无不可，有底心性。研粉长笺，翻香小曲，比似江南风景。看来也胜。只少片天斜，树头帆影。分我鱼矶，浅莎吟到暝。

既然是雅集，自然要行风雅之事。古代文人在应酬唱和时有许多玩法，如曲水流觞、射赋清谈等。在这次聚会中，纳兰容若别出心裁地将蜡烛刻上标记，以此限时，要求在场的众人即兴赋诗。诗作不限于五言或七言，也不拘泥于篇幅的长短，最重要的是能够抒发各自的性情。

此时，佳朋满座，均为风雅之士，这次渌水亭的集会让人联想到王羲之的兰亭集会和李白的桃李园春夜宴。集会结束后，纳兰容若将众人所作的诗篇集结成册，并亲自撰写了一篇辞采华美、令人回味无穷的骈文《渌水亭·宴集诗序》。全文如下：

清川华薄，恒寄兴于名流；彩笔瑶笺，每留情于胜赏。是以庄周旷达，多濠濮之寓言；宋玉风流，游江湘而托讽。《文选》楼中揽秀，无非鲍、谢珠玑；孝王园内搴芳，悉属邹枚黼黻。

予家象近魁三，天临尺五。墙依绣堞，云影周遭；门俯银塘，烟波混漾。蛟潭雾尽，晴分太液池光；鹤渚秋清，翠写景山峰色。云兴霞蔚，芙蓉映碧叶田田；雁宿凫栖，粳稻动香风冉冉。

设有乘槎使至，还同河汉之皋；倘闻鼓枻歌来，便是沧浪之澳。若使坐对亭前渌水，俱生泛宅之思；闲观槛外清涟，自动浮家之想。何况仆本恨人，我心匪石者乎？

间尝纵览芸编，每叹石家庭树，不见珊瑚；赵氏楼台，难寻玳瑁。又疑此地田栽白璧，何以人称击筑之乡？台起黄金，奚为尽说悲歌之地？

偶听玉泉呜咽，非无旧日之声；时看妆阁凄凉，不似当年之色。此浮生若梦，昔贤于以兴怀；胜地不常，曩哲因而增感。

王将军兰亭修禊，悲陈迹于俯仰，今古同情；李供奉琼筵坐花，慨过客之光阴，后先一辙。但逢有酒，开尊何须北海；偶遇良辰，雅集即是西园矣。

且今日芝兰满座，客尽凌云；竹叶飞觞，才皆梦雨。当为刻烛，请各赋诗。宁拘五字七言，不论长篇短制。无取铺张学海，所期抒写性情云尔。

除了康熙十八年（1679年）的渌水亭唱和外，纳兰容若与他的诸多密友还多有诗词唱和。在这些作品中，《临江仙》流传最为广泛。

临江仙

纳兰容若

飞絮飞花何处是？层冰积雪摧残。疏疏一树五更寒。爱他明月好，憔悴也相关。

最是繁丝摇落后，转教人忆春山。湔裙梦断续应难。西风多少恨，吹不散眉弯。

临江仙

顾贞观

向日宫莺千百嗽，而今几点归鸦。西风著意做繁华，飘残三月絮，冻合一江花。

自是心情寥落尽，不堪重系香车。永丰西畔即天涯，白头金缕曲，翠黛玉钩料。

临江仙

严绳孙

无多烟雨旗亭路，为谁萦损风流。新来消尽两眉愁。不知当日意，生怨隔红楼。

桃叶桃根同怅望，知他何处维舟。玉钩抖畔女墙头。昏鸦栖不定，霜月满扬州。

临江仙

秦松龄

向日风流今记否，寒鸦宿处分明。一湾残照太无情。照他憔悴了，依旧下高城。

行处尚疑攀折尽，西风客路魂惊。楼头翠管已无声。紫骝浑不顾，嘶过玉河冰。

临江仙

朱彝尊

馆得旧时离恨否，风前一样丝丝。送人折尽夕阳时。昏鸦余几点，认得早莺儿。

憔悴倡条浑不是，菱花记取双眉。秋声谁与寄相思。章台疏影在，只剩两三枝。

在文人雅集中，应酬唱和通常倾向于保守风格，作品往往水平相近。然而，纳兰容若在《临江仙》中独树一帜，将深切的悼亡之情融入咏物之中，赋予了这首词孤凄委婉、深情款款的动人韵味。"爱他明月好，憔悴也相关""西风多少恨，吹不散眉弯"，这些词句不仅展现了容若的本色，更在众多唱和之作中显得格外引人注目。

博学鸿词科落幕后，尽管严绳孙仅作诗一首，却因康熙帝的赏识——"史局中不可无此人"——被选为翰林院检讨，参与《明史》的修撰。不久，严绳孙、秦松龄、朱彝尊、徐乾学等人被康熙帝选为起居注官，成为皇帝的近臣。一些江南士子在被选出后选择辞官归隐，而有些则在朝廷任官后勤勉尽责。在古代，江南文人在民众心中享有崇高地位，他们对朝廷的态度深刻影响着百姓的看法。这次选拔士人展示了清王朝重用汉族士子的政策倾向，也反映出大多数知识分子已逐渐接受新王朝的现实。在这个过程中，容若与好友曹寅代表朝廷接待江南文人，其作为沟通的桥梁发挥了重要作用。

尽管有人揣测纳兰容若结交江南文人可能出于政治考虑，如奉皇命监视文人动态，或为其父明珠拉拢文人、培养势力等，但从纳兰容若与友人间频繁的唱和、书信往来中，我们能够明显感受到这位多情公子与朋友间的深厚情谊。纳兰容若与"落落寡合者"之间的友谊，在文学史上留下了许多佳话。客观而言，这也极大地推动了民族团结与融合。虽然这可能并非他的本意，但在我看来，这无疑是纳兰容若影响深远的另一种"政绩"。

卷五　当时只道是寻常

第一章
只向从前悔薄情——兰摧玉折

简简吟（节选）

白居易

恐是天仙谪人世，只合人间十三岁。

大都好物不坚牢，彩云易散琉璃脆。

"大都好物不坚牢，彩云易散琉璃脆"，这句诗道出了世间美好感情与事物的易逝，如同琉璃般脆弱，令人在往后的岁月中感慨万千。纳兰容若与卢氏成婚之后，生活美好得仿佛一场幻梦，这场梦灿烂如烟花，却也如烟花般易逝。他们夫妻的缘分，竟只有短短三年。

康熙十六年（1677年），是纳兰容若一生中惊心动魄的一年。卢氏怀孕了，夫妻二人幸福地沉浸在对新生命的期待中。然而，自古以来，生产对女性而言，就如同在鬼门关前徘徊。三年前的悲剧还历历在目，康熙帝的元后赫舍里氏因难产，在生下皇二子胤礽后便离世，年仅二十二岁。此时，纳兰容若心中也充满了隐隐的担忧。经过艰难挣扎，卢氏终于生下了儿子海亮。但喜悦之情尚未平息，纳兰容若便发现最害怕的事情成了现实——卢氏因产后虚弱受风，身体日渐衰弱。

纳兰容若心急如焚，已顾不得刚出生的孩子，每日奔波，遍请名医，只为了调养妻子的身体，盼望她能早日康复。然而，尽管他竭尽全力，最终却无法挽回爱妻的生命。

唐多令

　　金液镇心惊，烟丝似不胜。沁鲛绡、湘竹无声。不为香桃怜瘦骨，怕容易，减红情。

　　将息报飞琼，蛮笺署小名。鉴凄凉、片月三星。待寄芙蓉心上露，且道是，解朝酲。

　　这首《唐多令》作于康熙十六年（1677年）的春天，"烟丝似不胜"一句，透露出卢氏此时已病重，身体孱弱如同含烟的柳丝，每日需服用"金液"来缓解心悸之苦。"金液"是道家传说中的仙药，纳兰容若多么希望能有真正的仙药为妻子延续生命，然而现实中，这不过是褐色的苦口汤药。卢氏深知自己病入膏肓，无可挽回，她怎忍心离弃深爱的丈夫和幼小的儿子？但"生死有命"，非人力所能强求。她不愿让丈夫忧心，每每暗自落泪，总是悄悄用帕子拭去。

　　尽管纳兰容若不惜一切代价寻求灵丹妙药，妻子的病情却始终未见好转。他只能将妻子的乳名写在信笺上，寄望于"将息报飞琼"，向神佛祈求，渴望能为妻子挽留一线生机。从这阕词中可见，卢氏的病情已至绝境，纳兰容若将满腔的悲苦与绝望倾诉于纸上。

　　一个月后，即康熙十六年五月三十，卢氏带着不舍，在丈夫的怀抱中永远地闭上了眼睛，她的香魂随风而逝。从此，纳兰容若的世界崩塌了，他的心中永远留下了一块空洞，有时在寂静中，他甚至能听见那萧瑟的风声，如同自己心中无尽的哀鸣。

青衫湿遍·悼亡

　　青衫湿遍，凭伊慰我，忍便相忘？半月前头扶病，剪刀声、犹在银缸。忆生来、小胆怯空房。到而今、独伴梨花影，冷冥冥、尽意凄凉。愿指魂兮识路，教寻梦也回廊。

咫尺玉钩斜路，一般消受，蔓草残阳。判把长眠滴醒，和清泪、搅入椒浆。怕幽泉、还为我神伤。道书生薄命宜将息，再休耽、怨粉愁香。料得重圆密誓，难禁寸裂柔肠。

《青衫湿遍》这首词的成调正是源于卢氏的离世。纳兰容若痛失爱侣，悲痛欲绝，每日泪湿青衫，夜不能寐。在这样的情绪下，他创作了这首新调，以寄托自己的哀思。从"半月前头扶病"一句中，可以看出这是卢氏新逝之时，纳兰容若所作的悼亡词。半个月前，妻子尚能勉强支撑着做些针线活，那时剪灯花的声音仿佛还在耳边回响，然而现在，他再也见不到她了。

回忆起妻子生前的点点滴滴，她秉性柔弱，不敢独自在屋中停留，而如今却孤独地躺在冰冷幽暗的棺椁中，这让他痛心疾首。他渴望能为她的魂魄指引道路，让她来到梦中的回廊与自己相见。

卢氏的灵柩近在咫尺，他们一起承受着落日下荒烟蔓草的凄凉。纳兰容若愿意哭尽一生的眼泪来唤醒她，却又担心她再次为自己伤神。他知道，卢氏会叮嘱他："你的身体不好，应该珍重保养身体，不要耽于儿女情长而伤身。"曾经的誓言终究无法兑现，这让他肝肠寸断，痛彻心扉。

作为一首长调悼亡词，此篇气脉通贯，悲音响彻如行云流水，浑然天成，读来感人至深，堪称悼亡词中的佳作。

在古代传统丧葬习俗中，有停灵的惯例，停灵的时间根据亡者的身份而定，身份越尊贵，停灵时间越长。例如，《红楼梦》中秦可卿去世，停灵了七七四十九日。卢氏去世后在双林寺停灵，时间长达一年零两个月，这无疑反映了纳兰容若不忍与妻子别离的心情，即使是她的灵柩，也希望能多挽留一些时日。

在爱妻下葬前，纳兰容若给好友张纯修写信："亡妇柩决于十二日行矣，生死殊途，一别如雨。此后但以浊酒浇坟土，洒酸泪，以当一面耳。嗟夫，悲矣！"字里行间满是深深的悲痛与伤感。

很长一段时间内，纳兰容若都不能接受爱人已经离开自己的事实。

青衫湿·悼亡

近来无限伤心事，谁与话长更？从教分付，绿窗红泪，早雁初莺。

当时领略，而今断送，总负多情。忽疑君到，漆灯风飐，痴数春星。

开篇的笔触宛如与妻子的家常聊天，"最近我有许多伤心事，但是你不在，我没有人可以说"，这样平常的语句，却显得格外动人。纳兰容若视妻子为最懂自己心事的人，在《荷叶杯》中直接写道"知己一人谁是？已矣"。将妻子视为自己的知己，在古代文人中实属罕见。大多数文人不会将妻子视为能倾吐心事的灵魂伴侣，能做到"举案齐眉"的尊重已属难能可贵。由此可见，纳兰容若对"知己情深"的珍视是多么难得。

纳兰的好友叶舒崇深刻理解这对夫妻的相知情深，在卢氏的墓志铭中写道："于其殁也，悼亡之吟不少，知己之恨尤深。"这正是纳兰容若内心情感的真实写照。

从词中可以感受到，此时正值早春时节，尽管春暖花开，万物复苏，但曾经相伴赏春的爱人已不在身旁，只留下孤独的自己和流泪的红烛相伴，怎不令人黯然神伤。"忽疑君到"一句极为传神——在深深的痛悔中，灯影摇曳，心中不禁激动，难道是妻子回来了？这样的想法，展现了他对妻子深深的思念。唐代诗人李益曾写"开门复动竹，疑是故人来"，与此有异曲同工之妙。

然而，当词人回过神来，发现只是一阵风吹过，只得长叹一声。"痴数春星"这一笔触颇为奇特，一个"痴"字，写出了他至情至性、纯真的痴心；而"数星"则更显奇妙，这正是他在深深思念中，遥望银河的下意识动作。古人认为星宿皆为人所化，或许在纳兰容若心中，妻子已化作星辰。在这数星、猜星之间，也能稍稍缓解长夜的孤寂，纳兰容若多情公子的形象由此展现得淋漓尽致。

他的痛楚从未减轻，每当闭上眼，曾经相处的美好时光便历历在目。随着时间的流逝，悲伤逐渐转化为更深的疼痛。他审视着过去的自己，开始感到悔恨，妻子对他实在太好，而自己却因常常在外奔波，辜负了她太多。这种悔恨啃噬着他的心灵，令他难以释怀。

南乡子·为亡妇题照

泪咽却无声，只向从前悔薄情。凭仗丹青重省识，盈盈。一片伤心画不成。

别语忒分明，午夜鹣鹣梦早醒。卿自早醒侬自梦，更更。泣尽风檐夜雨铃。

这篇《南乡子》作于卢氏离世不久之后，"泪咽却无声"五字直白地描绘了纳兰容若的内心世界，不加修饰的无声哭泣，气噎喉堵，更令人心酸。他回忆起往昔因俗事繁忙未能常常陪伴妻子，如今已是天人永隔，对自己的所谓"薄情"感到痛悔不已。尽管他自称为"薄情"，我们却能深刻理解，正如那句话所说，"正因爱你，所以总觉亏欠"。正因为多情，他总觉得愧对爱人，对自己的付出不够感到懊悔。

"盈盈"一词既描绘了画中卢氏娇美的容颜，也反映了纳兰容若当前的哀伤，一语双关。回想起多年前，纳兰容若也曾用"盈盈"来描写一位骑马的少女，然而，如今的心境与当时已是天壤之别。"一片伤心画不成"这句千古名句，源自唐代诗人高蟾的《金陵晚望》，"世间无限丹青手，一片伤心画不成"，在此情此景中显得尤为贴切。纳兰容若本人便是绘画高手，但如今想要再绘制一幅妻子的肖像，却因心中痛楚而无法落笔。

"别语忒分明"紧承上阕的"伤心"二字，妻子温柔的嘱咐在梦中不断回响，醒来后仿佛仍在耳边，可惜梦境太过短暂。接下来的"卿自早醒侬自梦"更是扣人心弦，将爱人的离世视为梦醒，而自己却仍独自留在幻梦中，透露出一种对生活失去兴趣的无奈。死别常常令文人产生超脱尘世的愿望，这是一种常见的情感麻痹和寻求心灵解脱的想法，同时也让人不禁想起"庄周梦蝶"的典故——这个蕴含着道家哲学精髓的故事，"是梦耶，非梦耶？"所有的思念化作夜雨敲打风铃的声音，如泣如诉，整夜未停。

第二章
一片伤心画不成——入骨相思

　　"悼亡"作为中国古代文人重要的创作主题之一，通常是丈夫追忆亡妻、表达深切思念的作品。悼亡文学的源头极为古老，文章和诗词都可以用来表达对逝者的哀思。就内容而言，可以追溯到《诗经》中的《邶风·绿衣》："我思古人，俾无訧兮……我思古人，实获我心！"但明确以"悼亡"为题的诗作，则要从西晋潘岳的《悼亡诗》三首算起。潘岳不仅以"悼亡诗开山鼻祖"的身份载入史册，还因其"美姿容"而极为有名——他便是那位"貌若潘安"的潘郎。尽管他的《悼亡诗》风格受到六朝时期绮丽浮华文风的影响，较为拗口，缺少朗朗上口、广为流传的佳句，却也忠实地记录了他对妻子的深情，这在古代文人中仍属难能可贵。

　　自潘岳开篇以来，经过唐宋时期的发展，悼亡诗词逐渐增多，其中不乏文采斐然的佳作。例如，陆游的《沈园二首》深情而动人，其中"伤心桥下春波绿，曾是惊鸿照影来"便蕴含着诗人数十年的缠绵眷恋，感人至深；元稹的《离思》中"曾经沧海难为水，除却巫山不是云"与《遣悲怀三首》中的"惟将终夜长开眼，报答平生未展眉"，都是真挚而深情、令人声泪俱下的绝句。在宋词中，苏轼的《江城子》被公认为悼亡词的巅峰之作，从开篇的"十年生死两茫茫"起，全篇情感深沉，字字血泪，感人肺腑，堪称千古绝唱；贺铸的《鹧鸪天》中"同来何事不同归"的沉痛凄凉，也可与《江城子》相提并论。后来能达到如此"不朽"水平的悼亡词并不多见，直到"千古伤心词人"纳兰容若的出现。

　　人生中最无奈与悲伤的，莫过于"生离死别，悲欢离合"这八字。纳兰容若与爱妻的死别，其痛远超过以往的生离。在描述这种痛楚时，一向以豪放著称的辛弃疾，有一首婉约而哀愁的《鹧鸪天·代人赋》，特别贴合纳兰容若当时的心境。

鹧鸪天·代人赋

晚日寒鸦一片愁。柳塘新绿却温柔。若教眼底无离恨，不信人间有白头。

肠已断，泪难收。相思重上小红楼。情知已被山遮断，频倚阑干不自由。

"若教眼底无离恨，不信人间有白头"，如果不是真正经历了离别之苦，人们很难相信世间真有因伤心而一夜白头之人。在这茫茫天地间，形单影只，所有的语言都显得如此苍白无力。

自卢氏离世后，纳兰容若从未停止过对妻子的思念。无论是在日常生活的点滴之中，还是在七夕、重阳、妻子忌日等特殊节日，他的愁绪都化作了笔墨，在他笔下源源不断地流淌出来。在纳兰容若一生的三百四十八首词作中，悼亡词就有近五十首，占比约六分之一。这些作品情感深沉真挚，技艺高超，流传广泛。许多学者认为纳兰容若在悼亡词方面的成就堪称古今词人之最。正如著名文史学家严迪昌教授在《清词史》中所言："纳兰的悼亡词不仅拓展了词的容量，更主要的是其赤诚淳厚，情真意挚，几乎将一颗哀恸追怀、无尽依恋的心活泼泼地呈现于纸上。因此，他堪称继苏轼之后，在词的领域内这一题材作品最称卓特的一家。"

古时候人们相信，人是有灵魂的，离去的人会在某些特定的时候与生者在梦中相见。纳兰容若自然也怀有此愿，如他词中所言"索向绿窗寻梦寄余生""梦也不分明，又何必催教梦醒"，他渴望能在梦中与妻子相见，以解相思之苦。幸运的是，他在某年重阳节的前三日，真的在梦中与卢氏再次团聚，故人的音容笑貌一如往昔。

沁园春

（丁巳重阳前三日，梦亡妇淡妆素服，执手哽咽，语多不复能记。但临别有云：衔恨愿为天上月，年年犹得向郎圆。妇素未工诗，不知何以得此也。觉后感赋。）

瞬息浮生，薄命如斯，低徊怎忘？记绣榻闲时，并吹红雨；雕阑曲处，同倚斜阳。梦好难留，诗残莫续，赢得更深哭一场。遗容在，只灵飙一转，未许端详。

重寻碧落茫茫，料短发、朝来定有霜。便人间天上，尘缘未断；春花秋月，触绪还伤。欲结绸缪，翻惊摇落，减尽荀衣昨日香。真无奈，倩声声邻笛，谱出回肠。

首句"瞬息浮生"的叹息开篇，道尽了人生的短暂和妻子的薄命，生命的无常让人难以忘怀。回忆往昔夫妻恩爱携手的场景，再对比现在的孤独凄凉，两相对比，令人感慨万千。三年的美好时光如同"难留好梦"，既然如此，未完的诗篇也无需再续。恍惚中，似乎看见了妻子的身影，却只是惊鸿一瞥，只能"更深哭一场"，这五个字与《南乡子·为亡妇题照》中的"泪咽却无声"相呼应，可谓纳兰悼亡词中表达哀思的极致。

下片则转写容若无限伤悲的心情，纵然阴阳相隔，我还是相信你我仍有缘分，从此后，无论春花秋月，还是夏风冬雪，我总是会想起你，恩爱的夫妻却不能相守，人生最大的遗憾不过如此罢。

他仿佛听到了向秀在山阳听到的旧笛声，那凄凉的笛声与他此刻写下的诗句何其相似，都是令人心碎的哀鸣。全篇以平实的语言娓娓道来，将现实与梦境巧妙交织，情感层层递进，真挚感人。

整首词作"以自然之舌言情"，字字赤诚真挚，均是词人肺腑中流出的真语。小序中记载的情节尤为动人：她本不擅长作诗，却能在梦中吟出"衔恨愿为天上月，年年犹得向郎圆"这样凄美而缠绵的诗句。这或许是"日有所思，夜有所梦"的体现，那些未曾说出口的深情，在梦中通过爱人之口得以表达。

这让人想起《红楼梦》中的"香菱学诗"一节，香菱虽然日间未能作出好诗，但凭借"精血诚聚"，最终在梦中得到了佳作。宝钗对此感叹"诚心通了仙"。纳兰容若此刻的创作，不也是"精诚极至"，感动了天地，才在梦中得到了妻子的殷切叮嘱吗？

此夜之后，纳兰容若总想起梦中妻子念起的那句诗，心神大恸之下，他创作了又一首佳作《蝶恋花》：

蝶恋花

　　辛苦最怜天上月，一昔如环，昔昔都成玦。若似月轮终皎洁，不辞冰雪为卿热。

　　无那尘缘容易绝，燕子依然，软踏帘钩说。唱罢秋坟愁未歇，春丛认取双栖蝶。

一月之中，月亮只在十五那天圆满无缺，其余时刻则或多或少带有缺憾。苏轼曾有言："人有悲欢离合，月有阴晴圆缺"，道尽人间难得团聚，常是离愁别绪。在纳兰容若的心中，那一轮明月仿佛是妻子的化身。他渴望明月能够常圆，就如同渴望爱妻的归来。为此，他愿意不惜一切代价，正如他所言"不辞冰雪为卿热"，这是他借用荀粲的故事，来回答亡妻梦中的期盼："衔恨愿为天上月，年年犹得向郎圆"。

荀粲，字奉倩，是荀彧之子。他的妻子病重，高烧不退，为了给她降温，荀粲在冬雪中脱掉衣服，用自己的身体为妻子降温。然而，悲剧的是，"妇亡，奉倩少时亦卒"，荀粲的深情并未能挽救妻子的生命，妻子去世不久，荀粲也随她而去，年仅二十九岁。这个故事在现代人听来或许感人至深，但在古代，人们更推崇的是"相敬如宾"的夫妻关系，对于荀粲这种为情所困的行为，并不完全认同。

纳兰容若却始终坚守自己的情感，在词中坚定地向妻子承诺，他愿意用自己的生命去换取她的重生，哪怕遭到世人的嘲笑和批评。这种深沉而热烈的情感，令人震撼。尤其是当我们了解到纳兰容若在八年后，也在妻子的祭日离世，更让这首词充满了沉重的情感。在纳兰容若的悼亡作品中，荀粲的故事不止一次出现，如"欲知奉倩神伤极，凭诉与秋擎"，用以表达他深沉的悲伤和无尽的思念。

高悬的明月常给人留下清冷的印象，而纳兰容若却以"热"字入笔，这种强烈的反差使得表达的情感更为浓烈，堪称神来之笔。然而，无论纳兰容若的愿望多么强烈，"无那尘缘容易绝"，人死不能复生的现实终究无法改变。妻子离去后，房间内一片寂静，唯有燕子依旧在帘钩上细语呢喃。

"唱罢秋坟愁未歇"一句，巧妙化用了李贺的"秋坟鬼唱鲍家诗，恨血千年土中碧"，充满了浪漫主义色彩，但整体的色调却是沉郁哀怨，令人感到心惊。而"春丛认取双栖蝶"则借用了韩凭夫妇"化蝶"的传说，传递出纳兰容若期待与妻子化蝶重逢的愿望。

钱仲联在《清词三百首》中的点评可谓字字珠玑："秋坟鬼唱，化蝶双栖，斑骓无寻，梦成今古，暗香飘尽，惜花人去等，都是死别之词。缠绵悱恻，哀怨凄厉，诚如杨芳灿所云'思幽近鬼'(《饮水词序》)"。这段点评深刻揭示了纳兰容若词作中最引人入胜的精华所在。

第三章
明月多情应笑我——感怀伤情

古华在《芙蓉镇》中说:"时间,像一位生活的医生,它能使心灵的伤口愈合,使绝望的痛楚消减,使某些不可抵御的感情沉寂、默然。"在许多人看来,无论再深刻的伤痛,都会在时间的抚慰下渐渐愈合。然而,这句话似乎并不适合多情的纳兰容若。正如张潮在《幽梦影》中所言:"多情者,不以生死易心"。对于多情之人来说,生死无法改变他们的心性。

临江仙

点滴芭蕉心欲碎,声声催忆当初。欲眠还展旧时书。
鸳鸯小字,犹记手生疏。
倦眼乍低缃帙乱,重看一半模糊。幽窗冷雨一灯孤。
料应情尽,还道有情无?

人生,原来是由许多偶然组成的。两颗心的相遇是偶然,天人永隔也是偶然。有时候,仅仅一个转身,一生就可能完全不同。这些遗憾让人们既害怕回忆,又无法抑制回忆的冲动。害怕回忆,是因为那些过往的场景会唤起失去后的痛彻心扉;而忍不住回忆,则是因为在这个充满不确定性的未来世界中,这些回忆成为唯一确定的财富。至少,这些回忆可以在文字中化作永恒。

在中国古典文学中,"雨打芭蕉"这一意象一旦出现,往往描绘的是令人心碎的场景。芭蕉枝叶平滑宽大,细雨缠绵地敲打在芭蕉叶上，发出淅淅沥沥的清脆之声，如泣如诉，容易引人陷入深深的愁绪。李后主曾写"帘外芭蕉三两窠。夜长人奈何？"元代徐再思也说"一声梧叶一声秋，一点芭蕉一点愁"。词人们总是这样，不直接表达自己的愁绪，而是通过芭蕉抒发，正如纳兰容若自己思念妻子时，却说是雨滴落在芭蕉上，唤起了对美好往事的回忆。夜深人静之时，他看到书案上妻子未整理好的手书，那纸笺上的"鸳鸯"两个字时，双眼不禁模糊起来。

"鸳鸯小字，犹记手生疏"一句，纳兰容若巧妙地化用了明朝诗人王次回的《湘灵·其一》中的意境："戏仿曹娥把笔初，描花手法未生疏。沉吟欲作鸳鸯字，羞被郎窥不肯书。"王次回擅长描写细腻的男女情爱，其诗风"沉博绝丽，无语不香，有愁必媚"，对后世包括纳兰容若的《饮水词》有着不小的影响。正如前文提到的"不辞冰雪为卿热"中的荀奉倩典故，在王次回的诗中也屡见不鲜，例如"无妻奉倩身还冷，多妾哀骀分自惭"。王次回从来不吝啬于在笔下表达炙热的感情，正是他流露出的深情，令纳兰容若引为"同道中人"，对其诗词的引用与化用显得格外自然。

那是春光正好的一日，纳兰容若自外面归来，看到妻子正坐在书案前，手中执着笔，却迟迟未曾落下。容他带着玩心，悄悄地走到妻子身后，想要一探究竟。还未等他看清楚，卢氏便已察觉，匆忙想要将纸笺掩盖，但纸笺已被纳兰容若拿在手中。定睛一看，原来卢氏正在抄写卢照邻的《长安古意》中的"比目鸳鸯真可羡，双去双来君不见"一句，只是写到"鸳鸯"二字时，笔迹显得有些凝滞。纳兰容若抬头望向妻子，只见她早已羞红了脸，轻轻地将纸从丈夫手中抽回，随手夹在书里，低声说："我写得不好，你别看……"声音渐低，几乎听不清楚。

纳兰容若心中感到无尽的温柔与缠绵，想要说些什么，却又觉得任何言语都显得苍白无力。轻易出口的话语，似乎都不足以回应她的深情。如今，回忆起这些往昔的点滴，怎能不让他感到肝肠寸断。

时间永不停步，三年后，在家庭的安排下，纳兰容若续娶了新妻。这位夫人通常被称作官氏，实际上她是瓜尔佳氏的族人，有时也译作官尔佳氏，因此简称为官氏。与出身汉军旗的卢氏不同，官氏是满洲贵族之女，她的祖父是曾参与对抗李自成的图赖将军，父亲则是光禄大夫少保一等公朴尔普，也是纳兰容若的直接上司。尽管以纳兰容若的性格和身份，他可能并不愿意通过迎娶上司之女谋求飞黄腾达，但这段婚姻无疑涉及叶赫那拉氏与瓜尔佳氏两个显赫家族的联合，因此很可能是一场政治联姻。

尽管纳兰容若对这段婚姻可能有些不情愿，但他作为纳兰家族的长子，深知自己肩负的责任。从他的一些边塞词作中，我们可以窥见他对家中妻子的深情牵挂。因此，他们的婚姻生活，或许正如《红楼梦》中所描述的金玉良缘，虽然开始时"意难平"，但夫妻间的相处仍然和谐，堪称"举案齐眉"。纳兰容若对新娶的妻子也表现出了尊重和体贴。

然而，"曾经沧海难为水"，纳兰容若始终未能从卢氏离世的悲痛中完全走出来。在卢氏三年后的忌日，他满怀哀伤地写下了一首血泪盈襟的悼亡诗，表达了他对逝去爱人的深切思念：

金缕曲·亡妇忌日有感

此恨何时已？滴空阶、寒更雨歇，花天气。三载悠悠魂梦杳，是梦久应醒矣！料也觉、人间无味。不及夜台尘土隔，冷清清、一片埋愁地。钗钿约，竟抛弃。

重泉若有双鱼寄。好知他、年来苦乐，与谁相倚？我自终宵成转侧，忍听湘弦重理。待结个、他生知己。还怕两人俱薄命，再缘悭、剩月零风里。清泪尽，纸灰起。

纳兰容若似乎习惯了随时随地思念亡妻的日子，时间的治愈之力在他身上似乎失效了。他的词作开篇便借用了李之仪《卜算子》中的名句"此水几时休？此恨何时已？"这不仅是他灵魂深处的疑问，也是他心中绵绵不绝的哀愁。这无尽的悲痛，究竟何时才能终结？

　　三年的时光匆匆流逝，他的身边虽有了官氏这位贤妻，但内心深处的悲伤仍旧缠绕不去。卢氏故去的时间是农历五月三十，正值春意凋零，恰似"一宵冷雨葬名花"的凄凉时节。人们常说人生如梦，纳兰容若与卢氏成亲三年，而她去世也已三年，他感觉自己仿佛经历了一场漫长的梦，然而这梦为何如此持久？从这些词句中可见，即便卢氏已离世三年，纳兰容若依然未能接受她离去的现实，他的哀思可能要等"此水何时休"，才何时能得以断绝。

　　他多么希望九泉之下能有信使，好让他得知爱人在彼岸的生活如何，是否得到了陪伴？此生虽无缘再续，但愿来世还能与她结为夫妻。然而，回想起来，他又担心来世两人是否也会因命运多舛而无法长久相守。这首词下半阕情感跌宕起伏，层层递进：首先是渴望有信使沟通阴阳，其次是希望来世能再续前缘，最后是对下辈子能否长久相守的恐惧与忧虑。这是多么深沉的情感，才让他如此费尽心血地安排、忧虑。

　　全篇采用白描手法，虽有些不谐律之处，但因其情感真挚凄恻，并未减损其自然之美，在词坛历史上也是一篇绝佳的悼亡之作。

　　起初，纳兰容若对于与爱人只有三年的相伴时光感到万分悲痛。然而，当一切渐渐沉寂之后，他开始感到一丝庆幸，因为至少曾经拥有过那些心有灵犀的瞬间。如果夫妻之间只是平淡相守，即使共度几十载，也失去了生活的趣味。

浣溪沙

　　谁念西风独自凉，萧萧黄叶闭疏窗，沉思往事立残阳。
　　被酒莫惊春睡重，赌书消得泼茶香，当时只道是寻常。

　　纳兰容若的词作中，若要评选最受欢迎的作品，这首《浣溪沙》定能位列前三。单是"当时只道是寻常"这一句，便足以超越其他许多词作。开篇以平缓的语气娓娓道来，不再是声泪俱下的哀痛，却更显得情感浓郁而深沉。纳兰容若独自立于寒意刺骨的西风中，落叶萧萧而下，营造出一种凄凉的景色和情感。屋内虽然温暖如春，但他固执地站在清冷之中，如今已不再有人温柔地为他披上衣裳。回忆着爱人生前的一颦一笑、一举一动，直到夕阳缓缓落下，一切都变得朦胧不清。

在古诗词中，夕阳是一个常见的意象，如残阳、落日等，因为夕阳代表着下沉与结束，会为描绘的场景增添一抹哀婉的色彩。它预示着深沉的夜晚即将到来，所有的快乐回忆也将被黑夜所吞没。上半阕主要渲染了一种哀伤的氛围，为下半阕的环境做铺垫。

随后，词作的情感高潮悄然而至，容若开始回忆起曾经二人一起赌书泼茶，一起对酌共饮的那些时光。有时妻子不胜酒力，晨间还在香甜的梦中，他看着她"海棠春睡"一般的脸庞，便细心嘱咐侍女们不要惊扰她安眠。他将我们的情绪带入那些美好的场景，然而一句"当时只道是寻常"，温馨的画面便戛然而止。

在这些追忆中，纳兰容若获得了深切的感悟：那些最寻常的幸福时光，竟是这世间最珍贵也最易破碎的美好。未曾好好珍惜的后悔，原来是如此痛苦。

纳兰容若以平淡的笔触叙述一切，却在最后一句，让读者感受到了极致的情感落差——对所有的美好事物描绘，似乎都为了在最后一刻将其打破。这深沉的痛楚，通过最朴实无华的语言，如实地传递给了我们这些与他相隔遥远时空的后人。最后这一句，单独看来或许平淡无奇，却似乎蕴含了千言万语。一切美好，一切追忆，所有的遗憾与怀念……都可以用这一句来总结。

当时只道是寻常。

第四章
待结个、他生知己——相许来生

采桑子

谢家庭院残更立，燕宿雕梁。月度银墙，不辨花丛那辨香？

此情已自成追忆，零落鸳鸯。雨歇微凉，十一年前梦一场。

之前曾提及，纳兰容若的命运似乎常与谶语相连，如同他弱冠之时为顾贞观所作的词中预言的"后身缘、恐结他生里"。除此之外，他的《采桑子》亦含有词谶，这首词是为悼念亡妻而作，凄凉沉郁，堪称悼亡词中的绝唱。其中"零落鸳鸯""十一年前梦一场"两句尤为触目惊心，似乎预示着不祥。自二人结为夫妇之日起，至纳兰容若在康熙二十四年（1685 年）与卢氏同日离世，总计正好是十一年。由此可以推断，这首词大约作于康熙二十三年（1684 年）或二十四年，不久之后，纳兰容若便随妻子离世。那永远不会到来的第十二年，让"十一年前梦一场"不仅是对人生如梦的感慨，也成为二人感情故事中最痛切的句点，标志着纳兰容若词作的绝响。

挚友顾贞观在读完纳兰容若的词作后，不禁发出一声长叹。多年来，他是最能理解纳兰容若内心之痛的人。感同身受之下，顾贞观便和作了一首同韵的《采桑子》：

采桑子

　　分明抹丽开时候，琴静东厢。天样红墙，只隔花枝
不隔香。

　　檀痕约枕双心字，睡损鸳鸯。孤负新凉，淡月疏棂
梦一场。

　　此词以旁观者的视角撰写，减少了一些哀婉凄楚，语气更加
轻灵婉约。如今斯人已逝，她颊边的香粉仍旧留在枕畔的心字纹样
上。即使多年已逝，留下的人哀痛未减，"淡月疏棂梦一场"，那难
以言喻的孤独感弥漫开来，令人怅然若失。

　　纳兰容若在多年的思念中，情感已从痛彻心扉的大悲大痛转变
为惆怅哀婉的绝望。从表面看，他似乎渐渐走向了平静与了悟。但
这种平静却是令人心惊的，他仅年过而立，却已有"心如死灰"之
感。这种思想的转变明显地体现在他的悼亡词作中，另一首《采桑
子》也充满了这样的情感：

采桑子

　　谁翻乐府凄凉曲？风也萧萧，雨也萧萧，瘦尽灯花
又一宵。

　　不知何事萦怀抱，醒也无聊，醉也无聊，梦也何曾
到谢桥！

　　《采桑子》这首词，通篇没有一丝矫饰，极为自然，却将一种
百无聊赖之情描绘得淋漓尽致，透露出"聚散两无妨"的消沉情
绪。乐府曲，起源于汉代，到了魏晋时期极为流行。它通常将叙事
与抒情结合，以直白的口语化表达为特色，形式灵活，真挚动人。
乐府诗不仅饱含浓烈的感情，还极具浪漫主义色彩，如"思君令人
老，岁月忽已晚""南风知我意，吹梦到西洲""我欲与君相知，长
命无绝衰"等名句，常令人深感凄凉悱恻。翻阅乐府曲，外面风

萧萧、雨潇潇,似乎天地也为之伴奏,使人更有触景伤情之感。一个"瘦"字,不仅形容灯花,更暗指人的状态,令人不由自主地联想起"衣带渐宽终不悔,为伊消得人憔悴",尽管为伊人如此憔悴,但他心甘情愿。

"不知何事萦怀抱"一句,实际上是"明知故问",正是因为知道所谓"何事",所以明白这种萦绕于胸怀的悲伤无解。"醒也无聊,醉也无聊"一句,写明此时的哀愁已经无法借酒消除,无论醒着还是醉着,都已没有区别,感情自肺腑流淌而出,让人能领略其深沉之处。"梦也何曾到谢桥"一句最为深沉,是化用了晏几道的"梦魂惯得无拘检,又踏杨花过谢桥"两句,曾被理学大家程颐称赞为"鬼语"。"谢桥"最早指唐朝宰相李德裕的侍妾谢秋娘,后来常用"谢娘"代指恋人,谢桥则为恋人的居所。晏几道的梦魂最终得以踏着杨花与伊人相会,而纳兰容若却发出喟叹,若是梦魂未能到谢桥,又怎么能消解相思呢?就像《长恨歌》中所说的那样,"悠悠生死别经年,魂魄不曾来入梦",做梦本是人用以自我安慰的方式,可是连梦中的安慰都无法得到,该是何等凄凉?

纳兰容若在丧妻之后,心态发生了显著的变化,这与他开始接触佛学不无关联。卢氏停灵于双林禅院的那一年,他常找机会回到这里小住。寺院的暮鼓晨钟与青灯古佛令人心情平静,似乎能为他缓解少许的悲伤。

望江南·宿双林禅院有感

挑灯坐,坐久忆年时。薄雾笼花娇欲泣,夜深微月下杨枝。催道眠太迟。

憔悴去,此恨有谁知。天上人间俱怅望,经声佛火两凄迷。未梦已先疑。

在寂静冷清的寺庙里,纳兰容若在灯前久久地枯坐,沉浸在对过往的回忆中。忽然身上一沉,似乎看到了妻子温柔的笑脸,她像往常一样柔声道:"怎么还不去睡?已经这么晚了呀。"他伸手欲拥她入怀，却只摸到身前供奉佛火的案台。此时诵经声未断，灯火仍摇曳，而伊人却已不知何处寻觅。相聚的梦境太短，温馨的回忆与此时冰冷的现实对比太过鲜明，令他感受到"万事皆空"的虚无之感。

容若在佛前呆坐的时间越来越长，望着低眉垂目的佛祖、菩萨，他似乎得到了一些安慰。人在遇到自己无法解决的苦难与悲伤时，心灰意冷之下，常常会向宗教寻求慰藉。纳兰容若此前的人生太过顺遂，如今无可排解丧妻之痛，便转而向佛祖求取智慧与心灵的慰藉。

浣溪沙

抛却无端恨转长，慈云稽首返生香。妙莲花说试推详。

但是有情皆满愿，更从何处著思量。篆烟残烛并回肠。

"慈云"是佛家用语，意指佛祖的慈悲如云，能覆盖世间万物，常用来代指佛祖。纳兰容若在词中表达了自己想要抛却烦恼，却感到无从下手的无奈。他虔诚地诵读《妙法莲华经》，祈求佛祖的慈悲，希望能得到"返生香"，让亡妻得以重返人间。"但是有情皆满愿"出自《法华经》，意味着只要众生潜心修行，心中的愿望都能实现。纳兰容若在词中自问，自己如此虔诚地诵经，能否实现与爱人相守的愿望？然而，佛没有回答他，也没有任何人能给他答案。眼前的香火渐渐燃尽，烛泪斑驳，只留下执着的纳兰容若仍在默默祈祷。

眼儿媚·中元夜有感

手写香台金字经，惟愿结来生。莲花漏转，杨枝露滴，想鉴微诚。

欲知奉倩神伤极，凭诉与秋擎。西风不管，一池萍水，几点荷灯。

后来，纳兰容若自取楞伽山人的别号，越来越多地研究佛法，以求获得解脱苦海的大智慧。中元节前，他会亲手书写佛经并送往寺庙，为两人祈祷来世能再续前缘。当时古人有放河灯的习俗，纳兰容若看着莲花纹样的河灯随水漂远，仿佛这样就可以将自己的思念寄往天边。

卷六　我今落拓何所止

第一章
惭愧频叨侍从班——御前侍卫

　　康熙十五年（1676年）三月，二十二岁的纳兰容若终于迎来了期待已久的科举考试。在康熙帝——他的表兄的审视与期待中，纳兰容若应考时发挥得极为稳健，"条对剀切，书法遒逸，读卷执事各官咸叹异焉"。在策问对答时，他的回答深入要害、逻辑严密，其书法飘逸洒脱，赢得了所有考官的赞叹。在众人瞩目之下，康熙皇帝满意地钦点他为二甲第七名，纳兰容若获得了他应有的荣誉——金榜题名。

　　那一日，平日里总是老谋深算的明珠，也难以掩饰内心的激动，喜上眉梢，比他自己升官时还要高兴。他与夫人觉罗氏商量后，决定立即祭祖焚香，以告慰先祖之灵，随后大摆宴席三天，为孩子的成就庆祝，这是一件值得昭告天下的喜事。看到父母如此高兴，纳兰容若也松了一口气，这三年的熬夜苦读不仅是对自我的严格要求，也有想让父母感到欣慰的愿望。他深知，功名只是开始，接下来他要面对的是更为复杂的官场之路，但他已经做好了充分的准备，准备大展身手。

　　一般来说，传胪典礼之后，一甲进士（状元、榜眼与探花）会立即被授予翰林院修撰与编修的官职。而二甲进士、三甲进士则可能被选入翰林院授予庶吉士，或者归入吏部班次，被授予各部主事，或外放至各省担任知县等官职。按照常理推断，以纳兰容若的名次，他有很大概率会被选为翰林院庶吉士。

　　然而，出乎意料的是，在获得进士之后，纳兰容若并未立即被授予官职。在随后的很长时间内，他不仅没有出现在四月翰林院馆选的名单上，其他部门的任命也没有任何消息，而他的同期进士们却已各有安排。在这段漫长的等待中，纳兰容若拒绝了很多前来拜访的达官显贵，选择闭门谢客，专心致志读书。在闲暇时刻，他以弹琴、下棋、作画、吟诗等艺术活动自娱自乐；同时，爱妻卢氏的陪伴为他的生活增添了温馨，也弥补了些许之前因备考和编书而忽略了陪伴妻子的遗憾。

在社交方面，纳兰容若依旧只与志同道合的文人好友交往。正是在这一年，他与顾贞观结识，两人一见如故，不仅定下了"必归季子"的约定，还委托顾贞观为他刻录词集《侧帽集》。他们志同道合，准备着手编写《今初词集》。

对于生性淡泊的纳兰容若来说，能够做自己喜爱的事情，有爱人和好友的陪伴，这样的生活也算是一种得偿所愿。然而，他此时正值风华正茂、意气风发之际，多年的苦读，本是为了金榜题名后能够大展宏图。如今赋闲在家，确实令人费解。尽管他的父亲明珠当时正担任吏部尚书，主要负责官员的选拔和考核等事务，但翰林院的选拔，"俱在朕躬"，全由康熙帝亲自选定。明珠虽然对帝王的心思有所揣测，但对于此事却保持沉默，纳兰容若只能静静地等待帝王的旨意。

然而，同年十月，朝廷通过了议政王大臣的一封奏令，内容为："朝廷定鼎以来，虽文武并用，然八旗子弟，尤以武备为急，恐专心习文，以致武备废弛。见今已将每佐领下子弟一名，准在监肄业，亦自足用。除见在生员举人进士录用外，嗣后请将旗下子弟考试生员举人进士，暂令停止。"这意味着八旗子弟不再能参加生员、举人、进士的考试，只能以"武备为急"。这条政令对于渴望进入翰林院的纳兰容若来说，无疑是一个不利的信号。

两月后，在生日那天，纳兰容若写下了《瑞鹤仙》一词，并赠予了自己的好友张纯修：

瑞鹤仙

（丙辰生日自寿，起用"弹"语句，并呈见阳）

马齿加长矣。枉碌碌乾坤、问女何事？浮名总如水。
拚尊前杯酒，一生长醉。残阳影里，问归鸿、归来也
未？且随缘、去住无心，冷眼华亭鹤唳。

无寐。宿醒犹在，小玉来言，日高花睡。明月阑干，
曾说与，应须记。是蛾眉便自、供人嫉妒，风雨飘残花
蕊。叹光阴、老我无能，长歌而已。

"马齿加长矣"，在这里，是纳兰容若以马齿比喻自己年岁增
长，表达了对年岁渐长却仍无所作为的感慨。在二十二岁这一年，
他不仅高中进士，还完成了大型经解丛书《通志堂经解》的编撰，
并出版了自己的第一部词集《侧帽集》。然而，无论在学术与文学
方面取得了何种成就，在他眼中，这些都不过是"浮名"。他的知
己顾贞观曾言："人生百年一弹指顷，富贵草头露耳。容若当思所
以不朽，吾亦甚思所以不朽容若者。夫立德非旦暮间事，立功又未
可预必，无已，试立言乎！而言之仅仅以诗词见者，非容若意也。"
由此可见，纳兰容若所追求的，不仅仅是以诗词留名，而是真正地
"建功立业"，这才是他心中的向往。

暂时未得到重用的纳兰容若备感失落，他尝试借酒消愁，以
"拚尊前杯酒"来麻痹自己的情绪，却仍旧一夜难眠，辗转反侧。
第二日，宿醉未醒，头昏脑涨，直到侍女前来，已是日上三竿，一
日便这样无所事事地消磨过去了。即使是重臣之子，纳兰容若也无
法掌控自己的人生，这种无能为力的境况实在令人心酸。

这首词中的两个典故富含深意："华亭鹤唳"源自《世说新
语》，讲述了西晋著名文学家、诗人陆机在官场沉浮中，因被人陷
害含冤而死的故事。临刑前，他感慨道："华亭的鹤鸣声，我再也
听不到了"；"蛾眉便自、供人嫉妒"一句则引自屈原的《离骚》，
其中"众女嫉余之蛾眉兮，谣诼谓余以善淫"，以此代指嫉贤妒能

的小人会通过散布谣言的方式陷害德才兼备的英才。这样的口吻不禁让人联想到当时明珠在朝中的地位，有许多政敌对其虎视眈眈。在皇帝未曾授官的这段时间，对敌人来说，无疑是攻击中伤明珠集团的绝好机会。虽然这只是一种推测，但从词中可以看出，纳兰容若心中确实在为类似"谣言"的事情而感到抑郁和痛苦。

　　无论纳兰容若心头如何百感交集，康熙十六年（1677 年），他终于等来了自己的任命。他被授予三等侍卫的职位，官居五品，这标志着他仕途生涯的开始。

第二章
空羡儒臣赐宴归——天闲牧政

接到三等侍卫的任命时，纳兰容若沉默了许久。在清朝初年，对于满洲贵族而言，科举更多是朝廷安抚汉族的手段。汉族文人向上发展的途径几乎只有科举，而旗人则有多种选择。主要分为文选和武选两大类：文选包括笔帖式、荫监生、内阁中书等职位；武选则包括侍卫、承袭世职佐领等，其中以侍卫作为起点是最佳选择。侍卫作为天子近侍、皇帝亲信，是名副其实的"皇家禁卫军团"。他们平日除了保护皇家安全外，还会奉皇命执行各种任务，时常有机会在皇上面前汇报工作。若是能力出众，侍卫更容易得到皇帝青睐。

历史上，许多权臣都是侍卫出身，包括纳兰容若的父亲明珠，以及索尔图、米斯翰、和珅等重臣，他们都是由此一路高升的。三等侍卫是正五品官员，衔同知府，比状元所授的翰林院修撰的从六品还要高出不少。在尚武的清朝，相同品级下武官的俸禄也比文官更加丰厚，地位也稍高一些。从这个角度看，纳兰容若被授御前侍卫似乎是圣眷优渥的体现。然而对纳兰容若来说，"事与愿违"四个字却是对现实最合适的写照。他苦读十年，本意是以"文功"发挥政治才能。如果只是想要成为武官，他何必去参加竞争激烈的科举考试呢？以他的身份，只要愿意，早就可以申请为国家效力了。

纳兰容若曾写道："河清欲颂惭才尽，空羡儒臣赐宴归"，这清楚地表达了他对儒臣生活的向往。他本希望走上翰林路线，入朝为文官。然而，"雷霆雨露，俱是君恩"，皇帝的命令便是至高无上的恩宠，纳兰一家只能受宠若惊地接受。未来的道路并不由他选择，甚至不能轻易表现出他的不愿，这让纳兰容若深切地感受到命运的无常。可以说，这次授官彻底改变了纳兰容若的人生轨迹，使他逐渐成了后世所称的"千古伤心词人"。

根据《词林辑略》等史料记载，旗人考中进士后，确有成功入馆的例子，如正蓝旗赫舍里氏牛钮、镶蓝旗德格勒以及正白旗钮祜禄氏徐元梦等。但纳兰容若却是首位获得进士出身却成为宫廷侍卫的八旗子弟，对于原因，有几种推断思路：

从表面上看，当时正值三藩之乱，这场漫长的战争暴露出八旗军战斗力的明显下降，这直接关系到清朝的立国之本，因此引起了康熙帝的高度警觉。为了整顿军纪、提升战斗力，上层对所有满洲八旗子弟的发展路线进行了调整，纳兰容若恰好身处其中。另外，纳兰容若所在的上三旗，正归皇帝直属统辖。或许康熙帝有意培养上三旗的年轻人，在身边磨炼后再派往外八旗任将领，以此收拢八旗军权。

还有一种猜测认为，康熙帝对纳兰容若的父亲明珠结党营私的行为感到不满，且纳兰家已有位高权重的父亲，不宜再有同样担当重臣的儿子。出于平衡朝堂势力的考虑，康熙帝选择压制纳兰容若想要入翰林为官的愿望。

正所谓"时也，运也"，如果纳兰容若在第一次殿试时没有遭遇那场寒疾，他很有可能像徐元梦、牛钮一样成功馆选，成为庶吉士。三年时间足以使朝堂形势发生翻天覆地的变化，尤其是在三藩之乱这一重要历史节点上。

无论如何，二十五岁的纳兰容若进入了上驷院，成为御马监的一名侍卫。平日他要负责挑选、安排皇帝、皇子等出行所用的御马，还要负责去昌平、古北口一带进行牧马工作。此时，比他小三岁的好友曹寅，也是同年参加顺天府乡试的，正在銮仪卫的鹰鹞处供职。生活似乎总喜欢与人开玩笑，两位都曾尝试过走科举之路的难兄难弟相视苦笑，你嘲我"马曹"，我笑你"狗监"。因为有着相似的追求与境遇，两人在这种另类的"并肩作战"下结下了深厚的友谊。

纳兰容若绝不是一个受不得打击的人。他自小弓马娴熟，血脉中流淌着满洲子弟的英勇坚韧。虽然暂时未能得到心仪的任命，这种黯然的情绪无法避免，但他很快就调整好了心态。自古以来，

"天将降大任于是人也"，哪位功成业就的英雄人物开始时便能顺风顺水？而且他孺慕敬重的父亲，也是从一介侍卫之身，一路奋斗至六部尚书。不过是牧马而已，如果他连这种"本家之事"都做不好，又何谈建功立业？

纳兰容若迅速投入新的工作中。他平日里儒雅温和，低调谦逊，更有着令人眼前一亮的相貌，在众多出色的贵族子弟中亦是佼佼者。他不仅外表出众，还极为心灵手巧。他的老师徐乾学曾赞他"间以意制器，多巧偪所不能，于书画评鉴最精"。用现代的话来说，纳兰容若堪称"手工达人"。无论是做些小手工，还是改良当时的精巧器玩，抑或马具零件的维修，对他来说都是轻而易举；其他侍卫若想收藏几幅名人字画，也可以请他来掌眼，毕竟纳兰容若在贵族子弟中是公认的"汉学大家"。只要有机会，他总是以一副好脾气答应下来，这让他在侍卫中的人气大幅提升。

对于纳兰容若来说，他也乐于每日与马儿相处。很多时候，他会亲自精心挑选饲料，耐心地梳理马儿的毛发，而不仅仅满足于指挥工作。看着马儿明亮而温润的眼睛，他能感受到自己内心的某些创伤正在被慢慢治愈。韩愈的《马说》千古流传，纳兰容若也正如文中所描述的那匹千里马，正期待着自己的伯乐——康熙帝，能早日让他发挥所长。为了表达这份志向，他写下了《拟古·宛马精权奇》。

拟古·宛马精权奇

宛马精权奇，欻从西极来。
蹀躞不动尘，但见烟云开。
天闲十万匹，对此皆凡材。
倾都看龙种，选日登燕台。
却瞻横门道，心与浮云灰。
但受伏枥恩，何以异驽骀？

"蹀躞不动尘，但见烟云开"，这是对千里名驹奔腾神速的生动描绘，使得宫中十万马匹都相形见绌。然而，当它远望门外大道，心情却十分低落，因为它不能在外纵情驰骋，而是被豢养在马棚之中。纳兰容若以西域名马自比，抒发了不被重用的哀叹。尾联"但受伏枥恩，何以异驽骀"，则表达了他渴望未来受到重用、报效国家的雄心。同时，这段时间的牧马生活，也成为纳兰容若灵感的源泉，他创作了许多相关的诗词：

点绛唇·黄花城早望

五夜光寒，照来积雪平于栈。西风何限，自起披衣看。
对此茫茫，不觉成长叹。何时旦？晓星欲散，飞起平沙雁。

黄花城位于现在的北京怀柔区，是纳兰容若郊外牧马的地方之一。五更时分，目之所及，积雪与月光交相辉映。西风凛冽，月光清寒，景色苍茫，如同难以预料的前途，在这样广阔的天地间独立，不禁生出"人生天地间，忽如远行客"的寂寥感慨。

虽然"学历"不是评判人的唯一标准，但纳兰容若这位高学历人才去养马，也确实把这项看似普通的工作做得出色。他性格严谨认真，无论任何工作，从来都是尽忠职守。在养马期间，他每日都会记录养马日记，并从自己日积月累的实际经验中归纳总结，很快成为一名"识马专家"。他的老师徐乾学曾在《走笔与容若九首》中记录了纳兰容若选马的情形："天闲上驷拣犹难，杏叶桃花锦作团。黄帕盖将明月鞴，圉官先与侍中看。"即使在他被提拔为乾清门侍卫，已不在上驷院就职后，也常常因"专业技能满点"，被邀请到上驷院分享先进工作经验。据纳兰容若的好友姜宸英记载，容若"尝司天闲牧政，马大蕃息"，也就是他在职期间，御马们被养得膘肥体壮，这是他的优秀政绩之一。

同时，纳兰容若的工作绝不仅仅是牧马、养马，作为宫廷侍卫，他还要跟随君王出行。他在担任侍卫的八九年间，跟随康熙帝走遍了大江南北，也因此创作了数量繁多、艺术水平极高的边塞诗词。

第三章
山一程，水一程——扈驾游历

自从担任侍卫以来，纳兰容若便经常入宫值班或去郊区牧马，这使得他陪伴妻子的时间大大减少。他心中充满了愧疚，遥望着远方，想象着妻子在家中思念自己的场景，于是写下了这首《菩萨蛮》：

菩萨蛮

隔花才歇廉纤雨，一声弹指混无语。梁燕自双归，长条脉脉垂。

小屏山色远，妆薄铅华浅。独自立瑶阶，透寒金缕鞋。

这是一幅凝结着春愁闺怨的场面，绵绵的细雨刚刚停歇，伊人望向窗外的花丛，心中涌起哀愁。人生弹指一瞬，良人不在，此刻的大好春光竟被辜负，着实可惜。生如白驹过隙，转瞬即逝，而良人却不在身边，这大好春光似乎也被辜负了，令人感到惋惜。梁上的燕子已经双双归来，柳丝默默垂下，虽是乐景，却更加衬托出妻子的思念与惆然。

他想象着，妻子想念自己时，可能会站在瑶阶上久久不愿离去，直到天色已晚，寒意透过她足上的金缕鞋，她却似乎毫无察觉。这里的"透"字，不仅写出了她站立的时间之长，也深刻表达了她深深的思念之情，就如同那些脉脉垂下的柳丝，正是她情丝的象征。

分隔两地、相思相望的场景在纳兰容若与卢氏之间定然发生过无数次。卢氏理解丈夫，知道他胸怀建功立业的壮志，更何况"两情若是久长时，又岂在朝朝暮暮"，她自然是无条件支持他。

一日，纳兰容若下值后回家，窗前的鹦鹉看到他，扇了扇翅膀，念道："花月不曾闲，莫放相思醒！"这句出自他的一篇《生查子》，他听后大为诧异，转头望向妻子。只见她面带羞涩，脸颊绯红，低声解释道："我平日自己念着玩的，不知道它怎么就学会了。"

纳兰容若心想，怎么会不知道呢？一定是妻子在深深思念中，反复吟咏他所写的词，念得太多，连不解相思的鹦鹉也学会了。他的心中充满了柔情，一首《相见欢》便油然而生：

相见欢

落花如梦凄迷，麝烟微，又是夕阳潜下小楼西。
愁无限，消瘦尽，有谁知？闲教玉笼鹦鹉念郎诗。

落花如雨，缤纷而下，营造出如梦似幻的美景。夕阳渐渐西沉，玉人斜倚在熏笼旁，心神飘忽，轻声吟诵着缠绵的诗句，一边逗弄着笼中的鹦鹉，整个屋内洋溢着一股雅致的香气。"闲教玉笼鹦鹉念郎诗"，是何等细腻而温柔的笔触，饱含着纳兰容若对妻子的一往情深。

这种场景不禁让人联想到《红楼梦》中的唯美一幕：潇湘馆内，竹影婆娑，为炎热的夏日带来一丝凉意。林黛玉坐在窗前，隔着轻纱逗弄着一只聪明的鹦鹉，教它念着自己平日里喜欢的诗词。卢氏和黛玉一样，都是具有"林下之风"的秀雅才女，她们闲坐教鹦鹉的行为，充满了高雅的情致，宛如一幅生动的古代仕女图。

有时，纳兰容若出门在外，长时间未能给家中寄信，他心中不禁会想，妻子是否会对他心生埋怨。实际上，妻子对他的思念自然是无尽的，纳兰容若在词中，也表达出日夜盼望归家的心情：

天仙子

梦里蘼芜青一剪，玉郎经岁音书远。

暗钟明月不归来，梁上燕。轻罗扇，好风又落桃

花片。

有趣的是，尽管思念是纳兰容若的心事，但他的笔触却聚焦于
妻子是如何思念自己的，这在诗词中是一种常见的写作手法。在爱
情诗词中，杜甫的《月夜》便是其中的佳作：

月夜

今夜鄜州月，闺中只独看。

遥怜小儿女，未解忆长安。

香雾云鬟湿，清辉玉臂寒。

何时倚虚幌，双照泪痕干。

这首诗写于安史之乱期间，杜甫被困于长安，而妻子则在鄜
州羌村。他通过望月抒发对家的思念。诗中以"月"为引，闺中的
"独看"与往昔的"同看"形成鲜明对比，语言绮丽，情感悲伤。
这种"心已驰神到彼，诗从对面飞来"的笔法，通过描写闺中人的
悲伤，更添了缠绵与婉约。这种从对方角度抒发感情的方式，别具
一格，笔法严密，常被诗人采用。

白居易在《邯郸冬至夜思家》中写道："想得家中夜深坐，还
应说着远行人"，他没有直接表达自己如何想念家人，而是转换视
角，想象家中的亲人们在深夜惦念着远行的他，使得思念之情溢于
言表。同样，王维的名句"遥知兄弟登高处，遍插茱萸少一人"，
也是对这种手法的应用。

除了日常的宫廷值班，纳兰容若还需伴随康熙帝南巡北狩。在

他刚担任侍卫的那一年，便随皇帝巡视昌平，行至十三陵时，感慨万千，挥笔创作了《虞美人》——他边塞词作的开篇：

虞美人

峰高独石当头起，影落双溪水。马嘶人语各西东。
行到断崖无路小桥通。

朔鸿过尽归期杳，人向征鞍老。又将丝泪湿斜阳。
回首十三陵树暮云黄。

纳兰词最显著的艺术特点便是"摹真景，写真意，抒真情"。在这篇《虞美人》中，景色描摹生动细腻，无论是怪石、溪水、断崖还是小路，都刻画得细致入微，旅途中的景象宛如眼前，细节丰富。下半阕则抒发了深沉的思乡之情，大雁南归，而行人却在旅途中虚度年华，不知归期何在，为这幅"天涯羁旅图"增添了一抹忧伤的色彩。

这仅仅是个开始。康熙帝酷爱出巡，几乎每年都会巡游各地，涉及的地方之多、路途之远，在历史上都是罕见的。据记载："上之幸海子、沙河、西山、汤泉及畿辅、五台、口外、盛京、乌剌及登东岱、幸阙里、省江南，未尝不从"，纳兰容若总是随行。然而，在古代，远行是十分艰苦的，尤其是作为侍卫的纳兰容若，一切行动都要以皇上的需求为先，个人的出行体验自然大打折扣。多年的奔波劳碌，使他心中充满了抑郁萧瑟之情，而这种体验却催生了纳兰词中极为精彩的一部分——纳兰式的边塞词。

康熙二十一年（1682年），随着三藩之乱的平息，清朝迎来了真正的和平时期，满洲贵族们对此欢欣鼓舞。康熙帝决定东巡，从北京启程，向东北方向巡视，途经河北、辽宁，最终抵达吉林的长白山，以祭祀告慰先祖之灵。纳兰容若作为御前侍卫，随行扈从。这是他首次目睹山海关外的茫茫风雪，而这次北国的严冬之旅，使他的词风由哀婉凄恻转变为雄浑壮阔，创作了诸多杰作，其中尤以

《长相思·山一程》和《如梦令·万帐穹庐人醉》最为著名。

王国维在《人间词话》中曾给予纳兰容若极高的评价："'明月照积雪''大江流日夜''中天悬明月''黄（长）河落日圆'，此种境界，可谓千古壮观。求之于词，唯纳兰容若塞上之作，如《长相思》之'夜深千帐灯'、《如梦令》之'万帐穹庐人醉，星影摇摇欲坠'差近之。"王国维认为，这两句词的壮阔气象，足以与盛唐诗人的声韵相媲美。

长相思

山一程，水一程，身向榆关那畔行，夜深千帐灯。

风一更，雪一更，聒碎乡心梦不成，故园无此声。

从词史发展的角度审视，由于历史背景的限制，词人们鲜有边塞生活的体验，这导致两宋之后边塞词的创作变得稀缺。范仲淹的《渔家傲·秋思》成为千古流传的绝唱，而在此之后，鲜有边塞词能产生深远的影响。然而，清朝时期，纳兰容若这位贵族公子却以其独特的身份，创作出了既壮观又苍凉，同时不失其哀婉本色的边塞词佳作。《长相思》这首词，从词牌名看似吟咏风花雪月，实则容若以其精练的笔触，描绘了边塞军营的壮丽景色，并巧妙地融入了自己的思乡之情。

"山一程，水一程"，这含蓄的循环，如同"行行复行行"般遥远而漫长。山水之间，行军的脚步从未停歇，一路向着山海关（古名榆关）进发。东巡虽听起来简单，实则队伍庞大，包括皇子、后妃、亲王、重臣、侍从兵丁等，共计七万余人，以及他们所需的各种旅途用品。再加上随行的牛、马、骆驼，以及途中现宰的猪、羊等牲畜，这样一支浩大的队伍，其壮观程度远超常人想象。夜幕降临，成千上万的帐篷在山水间扎营，营火闪烁，构成了一幅宏伟的景象。"夜深千帐灯"这一句，既是对白天辛劳行程的总结，也为夜晚的描写做铺垫，引人深思：为何在疲惫不堪之际，帐篷中还亮着千盏灯火？

夜半三更，帐篷外风雪交加，呼啸声不绝于耳，仿佛是自然的低语，又似是远方的呼唤。"风一更，雪一更"，这轻描淡写的几笔，却深刻地勾勒出旅途中的艰辛与不易。这样的声音，对于从未离家的旅人来说，是如此陌生而震撼，它搅动着他们对家乡的深深思念，让人辗转反侧，难以成眠。这也正是上半阕中"夜深千帐灯"的生动注脚。

"聒"字的运用，不仅捕捉了风雪声的喧嚣，更赋予了自然以拟人化的特质，它们似乎在"聒噪"着旅人们对家乡的无尽思念，同时也映射出词人内心的焦虑与不安。这种字句的凝练，虽简洁却饱含深意，蕴含着复杂的情感与信息。

值得注意的是，词人所言的"故园"，虽表面上指京城，但实际上，他此刻所在的边塞之地，才是他真正的"故园"。在这短短数十年间，世事已发生了翻天覆地的变化，让人不禁感慨万千。

纳兰容若并未过多着墨于塞外的明月和西风，而是将笔触聚焦于行军队伍中的每一个思乡之人，因为他自己也是这万千征夫中的一员。他从这样一个真实而普通的角度出发，更容易引起广大读者的共鸣——毕竟，自古以来功成名就的将军能有几人？大多数人，不过是寻常的征夫而已。

从上半阕的壮丽开阔，到下半阕的低沉哀婉，整首词以真景白描的方式呈现，看似信手拈来，没有引经据典或使用繁复的技法，却因其真挚的情感，自有一番动人心魄的魅力。

与《长相思》的雄浑豪迈相媲美的，是纳兰容若的另一篇佳作《如梦令》：

如梦令

　　万帐穹庐人醉，星影摇摇欲坠。归梦隔狼河，又被河声搅碎。还睡，还睡，解道醒来无味。

"万帐穹庐人醉，星影摇摇欲坠"，这十二字所绘的壮阔景象，与《长相思》中的"夜深千帐灯"相映成趣。塞外的夜空格外清朗，点缀着繁星点点，它们闪烁摇曳，宛如即将从天际坠落；地面上，万顶帐篷灯火辉煌，与天上的繁星相映成趣，构成了一幅壮观的画卷。然而，诗的后半部分"还睡，还睡，解道醒来无味"，则透露出旅途中那份百无聊赖的情绪，与前文的豪迈壮阔形成鲜明对比。尽管如此，这并不影响整首词的魅力，因为"星影摇摇欲坠"这一句，已经足以与"明月照积雪""大江流日夜"等千古名句相媲美，展现出了永恒的壮观之美。

第四章
折铁难消战血痕——怀古省今

临江仙

杨慎

滚滚长江东逝水，浪花淘尽英雄。是非成败转头空。青山依旧在，几度夕阳红。

白发渔樵江渚上，惯看秋月春风。一壶浊酒喜相逢。古今多少事，都付笑谈中。

《三国演义》以《临江仙》这首绝唱为引，缓缓揭开了三国时期金戈铁马、气势磅礴的历史序幕，其壮阔非凡令人心潮澎湃。央视同名电视剧《三国演义》将这首《临江仙》改编为曲，一夜之间风靡全国，成为家喻户晓、人人能哼的流行曲目，深入人心。

全词洋溢着慷慨激昂、气势恢宏的情感，既有指点江山的英雄气概，又有历经沧桑的淡定从容，读来令人心潮澎湃。杨慎以其精练的笔触，深刻揭示了历史的兴衰更替：英雄更迭，朝代更替，没有永恒不变的江山，唯有江水长流、青山不老。无论昔日的风流人物如何叱咤风云、决胜千里，他们的名声最终也只成为后人茶余饭后的谈资。杨慎之所以能够创作出这样超脱尘世的词作，正是因为他那坎坷波折、超越常人的人生经历。

历史上不乏"伤春悲秋"的诗词，但许多作品却因缺乏新意而显得平淡无奇。这是因为它们往往只是对典故、情感、思路的模仿。那些被无数文人反复吟咏的意象——如残阳、明月、流水、落花、飞絮、归雁等，经过重新组合，再配以闺怨、思乡、羁旅等主题，便构成了一篇新的诗词。

　　这样的创作并非源自创作者的真实体验，而是对大量作品和典故的提炼与感悟。这样的作品，尽管精致，却可能给人一种"隔靴搔痒"的感觉，缺乏那种直击心灵的触动。正如辛弃疾在著名的《丑奴儿·书博山道中壁》中所写："少年不识愁滋味，爱上层楼。爱上层楼，为赋新词强说愁"，这正是对那些缺乏深厚生活体验，只能模仿前人，强加愁绪于新词的年轻人的生动写照。真正能够打动人心的作品，往往需要诗人独特的生活体验和深刻的情感投入。但是，如果一首绝唱的背后需要付出一生的坎坷，又有多少人愿意去交换呢？

　　明代书画家董其昌曾言："读万卷书，行万里路，胸中脱去尘浊，自然丘壑内营。"对纳兰容若而言，随康熙帝出巡虽是一项艰苦的任务，却也为他打开了一扇通往遥远而悲壮世界的大门。在那段艰苦卓绝的征途中，他跟随那支盛况空前的庞大队伍，忍受着风霜雨雪的考验，目睹了"万里西风瀚海沙"的壮阔与萧索，感受到了"漠陵风雨，寒烟衰草，江山满目兴亡"的沧桑巨变。纳兰的边塞之作，不再仅仅是缠绵悱恻的个人离愁别绪，而是拓展到了怀古伤今的广阔天地。张玉书赞美他"新词小令，亦直追渭南稼轩"，正是因为纳兰将个人情感中的"物是人非、悲欢离合"的无常，升华到了历史的"沧海桑田"之中。

　　是年二月，东巡的队伍行至山海关，纳兰容若目睹了那与巍峨群山相媲美的壮阔海景，正是曹操《观沧海》中所描绘的"水何澹澹""洪波涌起"。无边无际的大海令人心胸开阔，顿生豪情，同时也让人感慨于人类在天地间的渺小和世事的无常。康熙帝下令随行众人为此景赋诗作词，纳兰容若以其佳作脱颖而出：

浪淘沙·望海

　　蜃阙半模糊，踏浪惊呼。任将蠡测笑江湖。沐日光华还浴月，我欲乘桴。

钓得六鳌无？竿拂珊瑚。桑田清浅问麻姑。水气浮天天接水，那是蓬壶？

纳兰容若平日创作多采用白描、比喻、夸张等手法，直抒胸臆，用典较少。然而在这首词中，他却巧妙地引用了"以蠡测海""望洋兴叹""龙伯钓鳌"等典故，描绘出迷离梦幻的海市蜃楼、红日皎月、水汽蒸腾等美景。词风雄浑厚重，又借助《庄子》《列子》《汉书》等古籍中的故事，带领读者穿越时空，进入一个光怪陆离的世界。即便是应制之作，也毫无生硬之感，不落俗套。

随着行进，三月二十五，队伍抵达东北重镇吉林城。随后，众人乘坐二百余条大小船只，前往东北水军驻扎的小乌喇（今吉林市龙潭区乌拉街镇）。随着船行渐近，容若的心情变得越发复杂。这里曾是叶赫那拉氏的驻地，是他先祖生活、奋战过的土地。他看到周围由桦树搭建的屋子，屋外挂着的鱼皮衣服，远处士兵差役在江边撒网捕鱼，天边盘旋着矫健的海东青。透过这些画面，他仿佛看到了多年前族人们在此奔波的身影。在这片土地上，很难不让人回想起叶赫那拉氏与爱新觉罗氏之间的血战。然而，他不能流露出任何情绪，因为如今的叶赫那拉氏已成为臣属。这种难以言说的隐痛，令他心潮起伏。

浣溪沙·小兀喇

桦屋鱼衣柳作城，蛟龙鳞动浪花腥，飞扬应逐海东青。
犹记当年军垒迹，不知何处梵钟声，莫将兴废话分明。

"莫将兴废话分明"，这句词道尽了多少英雄泪、豪杰血，最终都融入了那汹涌澎湃的浪花之中。纳兰容若始终恪守为臣的本分，忠诚尽责地侍奉君王。他从不追求世间的荣华富贵与功名利禄，心中却怀揣着对"倜傥寄天地，樊笼非所欲"的自由渴望。身不由己的无奈与痛楚，一直困扰着他，而先祖的恩怨更是让他心中郁结。

虽然几十年前的恩怨对他来说已遥不可及，但那些曾经拼死厮杀留下的遗迹，总能触动他那颗敏感而多思的心。过往的恩怨或许已经远去，但人与人之间的权力斗争却无时无刻不在上演。就拿刚刚平息的三藩之乱来说，它给世人带来了多少苦难；朝中的"科场案""通海案""奏销案"等错综复杂的政治事件，又引发了多少动荡不安。

纳兰家族如今在朝堂上权势显赫，如日中天，但这样的兴盛究竟能持续多久？在权力的游戏中，兴衰更替不过是转瞬间的事，唯有保持清醒的头脑，才能在这变幻莫测的朝堂风云中，找到一条稳健的道路。

南歌子·古戍

古戍饥乌集，荒城野雉飞。何年劫火剩残灰，试看英雄碧血满龙堆。

玉帐空分垒，金笳已罢吹。东风回首尽成非，不道兴亡命也岂人为。

这首《南歌子·古戍》亦作于此时，其中"不道兴亡命也岂人为"一句，与"莫将兴废话分明"所表达的悲哀感慨何其相似，都透露出对命运无常的深刻体悟。

数日后，队伍抵达龙潭口（今辽宁铁岭境内），这里曾是努尔哈赤与明军交锋的古战场。群山巍峨，天空在两崖间仅露出一线，宛如被撕裂的缝隙；岁月侵蚀的苍苔覆盖着断碑，风声呼啸，犹如古战场上戈矛相击的回响，阴森的水潭深不见底，仿佛隐藏着蛟龙的神秘洞府。历史的兴衰已成往事，唯有那轮明月依旧高悬。

忆秦娥·龙潭口

山重叠，悬崖一线天疑裂。天疑裂，断碑题字，古苔横啮。

风声雷动鸣金铁，阴森潭底蛟龙窟。蛟龙窟，兴亡满眼，旧时明月。

纳兰容若的景色描写细腻生动，使人仿佛身临其境，能感受到那潭水带来的森冷寒气。这份寒意不仅侵袭肌肤，更触动了容若内心深处的怅惘。古代文人在游览古迹时，常会将所见所感与当下相联系，容若亦不免陷入沉思：历史的兴衰更迭，最终都归于尘土，而自己忙碌奔波的现实生活，其真正的意义又在哪里？

严迪昌在《清词史》中对纳兰容若的边塞词作给予了深刻的评价："纳兰塞外行吟词既不同于遣戍关外的流人凄楚哀苦的呻吟，又不是卫边士卒万里怀乡之浩叹，他是以御驾亲卫的贵介公子身份扈从边地而厌弃仕宦生涯。一次次的沐雨栉风，触目皆是荒寒苍莽的景色，思绪万端，凄清苍凉，于是笔下除了收于眼底的黄沙白茅、寒水恶山外，还有发于心底的'羁栖良苦'的郁闷。"特别是下面将要提及的《蝶恋花·山塞》，更是"几乎流露出孤臣孽子般的情绪"。

蝶恋花·出塞

　　今古河山无定据。画角声中，牧马频来去。满目荒凉谁可语？西风吹老丹枫树。
　　从前幽怨应无数。铁马金戈，青冢黄昏路。一往情深深几许，深山夕照深秋雨。

整首词的点睛之笔在于最后一句"一往情深深几许，深山夕照深秋雨"。在这一句中，四个"深"字的巧妙运用，将深情、深山、深秋雨三者融为一体，构成了一幅绝妙的画面，令人赞叹。其中所蕴含的"怀古之思"，更是引人深思，耐人寻味。

千百年来，历史的兴衰更迭并没有统一的标准，究竟有什么能够恒久不变呢？在战争的号角声中，冲突与战火似乎从未停歇。尽管心中有再多的不甘与不愿，最终留下的，也只是一片"满目荒凉"。纳兰容若虽然生活在繁华盛世之中，但他的感慨与悲叹，更多是源于他与生俱来的敏感天性。他向往风清月明，向往悠然南山的宁静生活。然而，现实却是他被束缚在帝王身边，鞍前马后，这种痛苦让他更加敏锐地感受到时代的悲鸣。他所处的时代，正是封建王朝即将走向末路之际，康乾盛世虽然表面上繁花似锦，但内里已千疮百孔。所谓见微知著，这位聪慧敏感的贵族公子，已经对那些尚不明显的预兆有了感知。

曾几何时，盛唐的诗人发出"秦时明月汉时关"的豪迈之声，如今却已消散在历史的长河之中；三百多年前，这位年轻公子写下"兴亡满眼，旧时明月"的感慨，如今也已成为过去，他所在的朝代也已被"日月换新天"。在这世间，唯一不变的，便是永恒的变化。高悬的明月静静地守望着世人，见证了沧海桑田的变迁，它已经见证了太多。

在纳兰容若的眼中，朝代的兴衰更替是历史发展的必然，而一切是非成败终将随风而逝，成为过往云烟。若说有什么能够恒久不变，那便是那份深沉如海的情感——"一往情深深几许"。李贺曾言："天若有情天亦老"，然而天地不老，它们永恒而冷漠，唯有人类才拥有情感的丰富与深沉。明月自有其阴晴圆缺，本身并无离合悲欢，但当我们抬头仰望那一轮明月时，那冰冷的月华便被赋予了温暖的意义。正是因为人的凝视，花开花落、江水东逝、草木枯荣、候鸟迁徙，这些自然现象才被赋予了生动而美丽的色彩。

一代又一代的人来了又去，无数像纳兰容若这样望月怀远的人，他们的思念与情感让明月更加皎洁明亮。明月见证了无数的思念与情感，见证了绵绵不绝的情思在人们心中代代相传。只要月亮仍旧高悬于夜空，那份情感就永远不会消逝。

第五章
夜深千帐灯——觇梭龙羌

　　由于明珠担任高官等多重原因，康熙皇帝对纳兰容若进行了长时间的观察。康熙帝向来注重文化治理，本人学识渊博，对经典文献、诗词歌赋都有深入的研究。他对这位才华横溢、学识渊博的表弟纳兰容若非常器重，并经常让他随侍左右。尽管康熙有意要磨一磨这位年轻人的锐气，以及纳兰家族的傲气，但对于这样一位文武双全的杰出青年，康熙帝自然不会让他永远只担任侍卫一职。正是由于纳兰容若在"觇梭龙羌"事件中的杰出表现，他在历史上的形象不再仅仅是一位风流才子，而是一位在政治上有所建树的有功之臣。

　　康熙二十一年（1682 年），纳兰容若已被提拔为二等侍卫，他奉康熙帝的旨意远赴梭龙，负责侦查边疆的国防安全。这一行动在《清史列传》中有所记载，称为"奉使觇梭龙诸羌"。这里的"觇"字，意为暗中观察和侦查。

　　关于梭龙的确切位置，学术界至今仍是众说纷纭，尚无定论，主要分为东北和西北两种观点。东北观点认为梭龙是索伦部的居住地，位于黑龙江上游的雅克萨，即今黑龙江漠河以东黑龙江北岸、俄罗斯的阿尔巴津地区。纳兰容若此行的目的，是侦查索伦部受到的侵扰和劫掠情况。而西北观点则认为，梭龙指的是一个更广泛的区域，中心位于内蒙古最西端的索陇呼都克，延伸至黄河河套西部及新疆吐鲁番等地区，那里散居着多个部落。纳兰容若的任务，是向当地少数民族传达康熙皇帝的安抚旨意，这也与《清史稿》中提到的"有所宣抚"相符。

在参考了部分学者的研究成果后，我个人认为，根据徐乾学后来对纳兰的评价——"卒有成功于西方，亦不为无所表见同"——我们暂且可以推断纳兰容若此行是前往西北边疆，大约在今天的内蒙古自治区额济纳旗的索陇呼都克（蒙古语音译）地区。在翻译过程中，"索陇"可能被异译为"梭龙"或"唆龙"，这一推断确实存在一定的合理性。而他此行"宣抚"的对象，可能是在康熙二十一年向清朝表达归顺之意的巴图尔额尔克济农、罗卜藏滚布阿喇布坦，以及额尔德尼和硕齐三支卫拉特部众。

当时，准噶尔部与清廷之间的冲突持续升级，噶尔丹甚至勾结外敌，共同侵扰边境。若清廷拒绝接受卫拉特部众的归顺，导致他们转而投靠准噶尔部，无疑是皇帝极不愿看到的局面；而若接受他们的投诚，又因为地理遥远，京城难以有效控制，朝中亦难以准确掌握各部落的实际情况。边境事务本由理藩院负责，但相关官员的执行力度不足，康熙帝此前已多次下旨表达不满。这促使康熙帝必须派遣一位既值得信任又具备能力的亲信前去侦查。此次行动虽风险不小，但对未来发展意义重大。康熙帝选择纳兰容若担此重任，这不仅证明了帝王对他的赏识与信任，也预示着纳兰容若在朝中受重用的日子即将到来。

在纳兰容若即将启程之际，得知此消息的恩师徐乾学与众多好友前来送行。徐乾学特意撰写了《送行诗》，以此表达对这位得意弟子的深切忧虑与鼓励：

送行诗

丁零逾鹿塞，敕勒过龙沙。

绝漠三秋暮，穷阴万里赊。

行边依羽箭，乘障咽霜笳。

地轴图经一，车书总一家。

挚友姜宸英伴随着送行的队伍，一路相送至北京城外的燕郊，作送别诗一首，为纳兰容若送行：

宿燕郊，送客若奉使西域

吹笳落日乱山低，帐饮连宵惜解携。
别梦已经千里雁，征心恨听五更鸡。
侍中诏许离丹禁，都护声先过月题。
今看乌孙早入质，蒲桃苜蓿正东西。

康熙二十一年（1682年）秋，纳兰容若奉旨出发了。这一路的地理环境非常复杂，要穿过高山、沙漠等难行的地区，与原来的帝王出行相差甚远。既是行军，行李辎重是尽可能减少，可想而知，他们吃穿住行的条件一定是比较简陋的。但艰苦的环境往往给文人以充沛的灵感，纳兰容若在这一路上留下了大量的边塞诗词。

出发不久，便到延庆柳沟处，这里古称凤凰城，与居庸关、八达岭构成一个三角形，具有重要的战略地位，容若过此处时作《南乡子·柳沟晓发》：

南乡子·柳沟晓发

灯影伴鸣梭，织女依然怨隔河。曙色远连山色起，青螺，回首微茫忆翠蛾。

凄切客中过，料抵秋闺一半多。一世疏狂应为着，横波。作个鸳鸯消得么？

一路向西北进发，沿途衰草连天、西风凛冽，与繁华的京城相比，这里呈现出一种截然不同的苍凉景象：

蝶恋花

又到绿杨曾折处，不语垂鞭，踏遍清秋路。衰草连天无意绪，雁声远向萧关去。

不恨天涯行役苦，只恨西风，吹梦成今古。明日客程还几许，沾衣况是新寒雨。

"不恨天涯行役苦"这一句，凸显了行军路上的不易，而"明日客程还几许，沾衣况是新寒雨"更是生动地描绘出路途的漫长与艰辛，一路上风餐露宿，沐雨栉风。

浣溪沙

欲寄愁心朔雁边，西风浊酒惨离颜。黄花时节碧云天。

古戍烽烟迷斥堠，夕阳村落解鞍鞯。不知征战几人还？

这次行动本质上是一项秘密的军事侦察，过程中可能伴随着冲突与战斗。"古戍烽烟"与"解鞍鞯"营造出了战前的紧张气氛，"不知征战几人还"这一句透露出容若一行所面临的危险与不确定。经过一路的风尘仆仆、马不停蹄，他们最终抵达了梭龙地区。

唆龙与经岩叔话

绝域当长宵，欲言冰在齿。
生不赴边庭，苦寒宁识此？
草白霜气空，沙黄月色死。
哀鸿失其群，冻翮飞不起。
谁持《花间集》，一灯毡帐里。

清朝画家经纶，字岩叔，是浙江姚江人，他博通儒家经典，精通诗文，尤其擅长绘画，曾在明珠家中担任幕僚。据纳兰容若的好友梁佩兰后来所写的诗句"沙碛围毡帐，山川画虎囊"推测，经岩叔与容若同行可能是为了测绘沿途的地形。

边塞的夜晚寒冷刺骨，张口欲言时，唇齿间似乎都已结霜，其苦寒的程度可见一斑。然而，即便在这样艰苦的环境中，容若并未感到沮丧，反而豪迈地说："生不赴边庭，苦寒宁识此"——若非亲临边疆，怎能真正理解"苦寒"的滋味？接着，他以细腻的笔触，从近及远地描绘了白草、月色以及冻得无法展翅的哀鸿，让所有景象生动地展现在读者眼前。"草白霜气空，沙黄月色死"一句，充满了苍凉与悲怆，让人感受到唐代边塞诗的恢宏气势。此地朔风凛冽，寒冷异常，然而在诗的结尾，作者笔锋一转，毡帐内燃起了温暖的灯火，他手中捧着与这荒凉之地迥异的《花间集》诵读。诗至此处，令人拍案叫绝，这正是容若的本色。他的老师徐乾学也曾说："其扈跸时，雕弓书卷，错杂左右，日则校猎，夜必读书，书声与他人鼾声相和。"如今虽在塞外艰苦，但他心性坚定，淡定自若，手不释卷，真是一位风流浪漫的翩翩佳公子。

由于这次行动是一次秘密的军事任务，因此正史中并没有留下明确的记载。我们无法确切地了解纳兰容若在"觇梭龙诸羌"行动中的具体作为，只能依据当时人们的零星记载推测。纳兰容若的好友韩菼曾提及："康熙二十一年秋，奉使觇梭龙诸羌，道路险远，君间行疾抵其界，历经劳苦，终获要领而归报。"

从这段描述中可以推断，纳兰容若在行军途中曾身患疾病，经历了难以想象的艰难困苦。尽管如此，最关键的是"终获要领而归报"——意味着容若成功获取了重要情报，并将其汇报给了康熙帝。正因为此，纳兰容若由二等侍卫晋升为一等侍卫。虽然我们无法确切知晓"要领"所指的具体情报，但在不久之后，朝廷对准噶尔部采取了更为强硬的态度，而对梭龙部落的政策则显得更为宽松。这可能反映了纳兰容若"宣抚"的成效——西北诸部决定归顺清廷，共同抵御准噶尔部的侵扰。

纳兰容若的恩师徐乾学在为其撰写的《墓志铭》中记载："容若尝奉使觇梭龙诸羌，其殁后旬日，适诸羌输款，上于行在遣宫使拊其几筵，哭而告之，以其尝有劳于是役也。"命运似乎与纳兰容若开了一个残酷的玩笑：在他逝世后不久，那些他曾奉旨安抚的诸羌部落前来表明归顺之意。如果他还在世，这或许会成为他人生中另一个辉煌的转折点，然而，这一切来得太晚了。

第六章
断肠声里忆平生——壮志难酬

　　觇梭龙任务完成后，纳兰容若回归了宫廷侍卫的岗位。尽管他已荣升为一等侍卫，成为正三品的官员，但在皇家眼中，他依旧是忠诚的"奴才"。他心中升起的火苗随着时间流逝，渐渐暗淡。

　　回顾他多年的侍从生涯，纳兰容若从上驷院侍卫做起，除了在郊外牧马、宫中值班外，还经常随康熙帝远行。他不仅要保卫皇帝的安全，还要兼任"高级秘书"与"文学侍从"的角色，几乎日理万机，无暇休息。同僚韩菼曾评价他："日侍上所，所巡幸无近远必从，从久不懈益谨。上马驰猎，拓弓作霹雳声，无不中。或据鞍占诗，应诏立就"，"上有指挥，未尝不在侧，无几微毫发过"。纳兰容若始终跟随在康熙帝身边，从未请假休息。无论是骑马打猎，还是应制作诗，只要皇帝有命令，他总是一丝不苟地完成，从未有过任何差错。

　　正因为如此，纳兰容若一生中的应制之作占据了相当的比例。皇帝在雅兴大发时，除了自己创作外，还会以固定命题让臣子题诗写赋。作为闻名遐迩的大才子，纳兰容若经常被康熙帝点名，因此"吟咏参谋，多受恩宠"。扈从康熙帝去五台山礼佛时，他创作了五言诗《驾幸五台恭纪》；康熙帝去昭西陵祭拜、途经汤泉时，命人作诗，纳兰容若便创作了七言诗《汤泉应制四首》《扈驾马兰峪，赐观温泉，恭纪十韵》；陪同皇帝至东岳泰山时，他又依命作了《扈从圣驾祀东岳礼成恭纪》；他还曾为康熙帝翻译御制《松赋》等作品……无论是尽心尽力的随侍，还是每次上交的"命题作业"的完美，都让康熙帝非常满意。从纳兰容若接到无数"金牌、佩刀、彩缎、鞍马、弧矢"的赏赐来看，他无疑是皇帝身边的"大红人"。

即便是皇帝眼前的"红人"，纳兰容若也无法逃避日常的单调工作。后来，他从上驷院调任为乾清门侍卫，站岗的时间变得更长。轮到他值班时，必须早起晚睡，而工作内容多半只有一个——在大殿门口站岗。这项工作极其枯燥，纳兰容若在无奈之中，有时甚至以数地砖来消磨时间。

好友严绳孙曾写道："侍臣记注无多事，一径清阴下直归"，这句话引起了纳兰容若的共鸣。他亦以一首和作回应，描述了自己值班时的工作状态：

西苑杂咏，和荪友韵

讲帷迟日记花砖，下直归来一惘然。
有梦不离香案侧，侍臣那得日高眠。

白天的工作是如此乏味，严重缺乏成就感，以至于回到家中，纳兰容若怅然若失，只觉得自己虚度光阴。常言道"日有所思，夜有所梦"，纳兰容若连在梦境中都离不开大殿的情景，可以看出这份工作对纳兰容若等人精神上的折磨。更别提，此时的纳兰容若已近而立之年，在那个时代已不算年轻。他最宝贵的年华，几乎都在为皇帝鞍前马后的侍从生涯中流逝。

纳兰容若曾主动请缨参与平定三藩之乱，他曾在诗中写道："平生纵有英雄血，无由一溅荆江水。荆江日落阵云低，横戈跃马今何时"，表达了他渴望在战场上建立功勋的壮志；他也历经十年寒窗苦读，两度参加殿试，希望通过科举之途跻身文官行列，却始终未能如愿。

在给挚友顾贞观的书信中，纳兰容若表露了对康熙帝的无限崇敬："日睹龙颜之近，时亲天语之温，臣子光荣，于斯至矣。"若非具备政治才能，纳兰容若或许会满足于做一个皇帝身边的侍从，就像他的友人高士奇那样。高士奇是清初著名的文人学者，博学多才，经明珠推入内廷供奉，代康熙帝书写密谕并编纂讲章、诗文等，深受皇帝赏识。高士奇对于能随侍皇帝左右感到无上荣耀，认为这是"身随翡翠从中列，队入鹅黄者里行"的荣耀，这种心态也代表了当时许多文人的想法。然而，纳兰容若并不满足于此，他怀有一颗经世治国、报效国家的雄心。

从朋友们的评价中，我们可以看出纳兰容若具有敏锐的政治洞察力。韩菼曾评价他"于往古治乱，政治沿革兴坏，能数指其所然"，严绳孙也说"（容若）比岁以来，究物之变态，辄卓然有所见于中"。从家庭背景来看，他的父亲是权倾朝野的名相，眼光独到而老练；从工作环境来看，他多年伴随英明神武的康熙帝，加上本人天资聪颖，具备出色的政治才能也是自然而然的。遗憾的是，他的政治才华未能得到充分的施展，正如恩师徐乾学在《神道碑》中所言"君自一蒙恩侍从，无所施展"。

时光荏苒，纳兰容若的时间在宫中日复一日的忙碌中悄然流逝。他在给友人的信中吐露心声："弟秋深始归，日直驲苑，每街鼓动后，才得就邸。曩者文酒为欢之事，今只堪梦想耳。"信中的无奈与茫然清晰可见，无论是他的雄心壮志还是青春活力，似乎都在这无休止的公务中慢慢消磨。他甚至开始怀疑，是否才华横溢之人注定命运多舛，不禁发出"慧业重来偏命薄"（《湘灵鼓瑟》）、"怪人间厚福，天公尽付，痴儿呆女"（《水龙吟·题〈文姬图〉》）的感慨。

忆秦娥

长飘泊，多愁多病心情恶。心情恶，模糊一片，强分哀乐。

拟将欢笑排离索，镜中无奈颜非昨。颜非昨，才华尚浅，因何福薄？

纳兰容若对漂泊生活的厌倦之情愈发显著。天性多愁善感、体质羸弱的他，渐渐感到力不从心，尽管试图振奋精神，却难以如愿。面对镜中日渐衰老的容颜，他不禁思考，或许正如"红颜自古多薄命"所言，那些天赋异禀的人往往命运多舛。然而，他自认才华未及，却同样遭受命运的无情打击——自嘲中透露出对命运的无奈与低头。

纳兰容若早已洞悉官场的世态炎凉，对于自己往昔满怀壮志、渴望成就一番事业的热忱，如今感到了一丝悔意。尽管他并不追求功名利禄，但一旦涉足尘世，便不可避免地被卷入世俗的纷扰之中，难以自主。他内心愈发向往那种远离尘嚣、淡泊明志的隐居生活，常怀有"身在高门广厦，常有山泽鱼鸟之思""身游庙廊，恒自托于江湖"的精神追求。为了表达这种心志，他创作了《拟古》诗：

拟古

朔风吹古柳，时序忽代续。
庭草萎已尽，顾视白日速。
吾本落拓人，无为自拘束。
倜傥寄天地，樊笼非所欲。
嗟哉华亭鹤，荣名反以辱。
有客叹二毛，操觚序金谷。
酒空人尽去，聚散何局促。
揽衣起长歌，明月皎如玉。

"倜傥寄天地，樊笼非所欲"，纳兰容若渴望摆脱束缚，回归自然的怀抱，以诗酒为伴，这已成为他心中最深切的愿望。他曾表达对海鸥自由生活的羡慕："可学得、海鸥无事，闲飞闲宿"，并劝导朋友不必过分追求名利，而是应该乘舟游赏山水，享受人生至乐——"且乘闲、五湖料理，扁舟一叶"。

然而，他能否像陶渊明那样，选择归隐山林，超然物外？现实远非如此简单。纳兰容若虽然出身于富贵之家，享尽荣华，但这同样限制了他的未来。他有家族责任，有亲朋好友，在封建王权的枷锁下，他的每一个选择都不仅关乎个人，因此，自由对他来说成了最大的奢求。这也是他虽然厌倦官场，却仍"一身还被浮名束"，难以摆脱的重要原因。

在无法摆脱现实束缚的情况下，他只能将满腔的忧愁寄托于杜康，希望在醉乡中寻求短暂的忘却，如他所言："遇酒须倾，莫问千秋万岁名"。

卷七　我生如飞蓬，飘然落天际

第一章
旧时明月照扬州——南巡

浣溪沙·红桥怀古，和阮亭韵

无恙年年汴水流，一声《水调》短亭秋。旧时明月照扬州。

曾是长堤牵锦缆，绿杨清瘦至今愁。玉钩斜路近迷楼。

康熙二十三年（1684年）五月，纳兰容若陪同康熙帝前往古北口等京畿地区巡游。两个月的旅途劳顿，纳兰容若未得到片刻休息，便又接到了皇帝即将南巡的消息。这一次，他们的足迹将遍及南京、苏州、无锡、扬州、镇江等地，这将是一次漫长且耗费巨大的旅程。

尽管纳兰容若已习惯了扈从的生活，但这次南行却意外地激发了他的期待。对他而言，江南不仅是一片充满诗意的土地，更是他心灵得以栖息的第二故乡。当时的江南，是全国文脉汇聚之地，一直是繁荣的文化中心。朝廷科举考试不得不分设南北科场，以免金榜之上尽为南方才子所占，这足以说明江南文化的影响力。更别提，纳兰容若的许多挚友都来自这片灵秀之地，如无锡的顾贞观、严绳孙、秦松龄，常州的陈维崧，秀水的朱彝尊，慈溪的姜宸英，吴江的吴兆骞等，他们都是十分杰出的人物。

在明清时期的诗坛上，虞山派、娄东派、梅村体等各流派，以及词坛上的阳羡派、云间派、浙西派、常州派等，其领袖人物几乎均为江南文人，这进一步印证了江南文坛在明清两代的卓越地位和影响力。

忆江南

白居易

江南好，风景旧曾谙。
日出江花红胜火，春来江水绿如蓝。
能不忆江南？

江南，那片令无数文人墨客梦绕魂牵的土地。若论及《忆江南》词牌中最为人们津津乐道的名句，白居易的"能不忆江南"无疑是其中之最，它唤起了无数人对江南的无限眷恋与深情怀念。《忆江南》原为唐代教坊的名曲，也被称作"望江南""梦江南""梦游仙"，而自白居易以"江南好"开篇的三首《忆江南》流传开来后，这一词牌亦被赋予了"江南好"的别称。

纳兰容若在游历江南之际，借鉴了欧阳修以十首《采桑子》赞颂颍州西湖的创作手法，亦一气呵成地创作了十首《梦江南·江南好》。不仅描绘了江南的山清水秀、风光旖旎，更有几首词作深刻融入了对王朝兴衰的沉思与对历史的深沉反思。这些词虽然篇幅短小，却蕴含着深远的意境与丰富的情感。

梦江南·其一

江南好，建业旧长安。
紫盖忽临双鹢渡，翠华争拥六龙看。
雄丽却高寒。

建业就是现在的南京，古时也有金陵之名，曾是多个朝代的都城。容若称之"旧长安"，一个"旧"字，既写出曾经的繁华，也写出如今的变迁。"紫盖忽临双鹢渡，翠华争拥六龙看"，所描绘的是康熙巡游时，仪仗浩荡，观者如云的盛况。可最后一句"雄丽却高寒"，声调一转，仿佛是在说皇帝的高处不胜寒，又仿佛在说建业繁华已逝的凄寒，隐约又有着词人的自伤。

梦江南·其二

江南好，城阙尚嵯峨。
故物陵前惟石马，遗踪陌上有铜驼。
《玉树》夜深歌。

建业的宫阙仍旧巍峨，但皇陵因战火已经残破不堪，只有陵前石刻还依稀可辨。"铜驼""玉树"都带有亡国破碎的寓意。多少王朝已经覆灭，唯余夜深时幽幽的《玉树后庭花》之声，听来满是伤感。

梦江南·其三

江南好，怀古意谁传？
燕子矶头红蓼月，乌衣巷口绿杨烟。
风景忆当年。

月下，燕子矶头的红蓼花仍在开放，乌衣巷口的绿柳枝条拂动，如同蒙蒙青烟一般。当年的王谢风流，而今皆已不在，只有此方盛景，从来不曾改变。纳兰曾在词中自称"乌衣门第"，此时何尝不是由"王谢二家"联想到自己的家族，纳兰家又能兴盛到何时？他心中一直有着隐隐的担忧。

后面几首则更多在描绘江南风物，盛赞了无锡、惠山山泉、扬州、镇江等地，最后一首《梦江南》则是对前十篇的总结，江南的软红十丈与京城也并无分别，更何况一片碧水烟雨、桃红柳绿，不像北方的风沙漫天与金戈铁马。

梦江南·其四

江南好，虎阜晚秋天。
山水总归诗格秀，笙箫恰称语音圆。
谁在木兰船？

梦江南·其五

江南好，真个到梁溪。
一幅云林高士画，数行泉石故人题。
还似梦游非？

梦江南·其六

江南好，水是二泉清。
味永出山那得浊，名高有锡更谁争？
何必让中泠！

梦江南·其七

江南好，佳丽数维扬。
自是琼花偏得月，那应金粉不兼香！
谁与话清凉？

梦江南·其八

江南好，铁瓮古南徐。
立马江山千里目，射蛟风雨百灵趋。
北顾更踌躇。

梦江南·其九

江南好，一片妙高云。
砚北峰峦米外史，屏间楼阁李将军。
金碧矗斜曛。

梦江南·其十

江南好，何处异京华？
香散翠帘多在水，绿残红叶胜于花。
无事避风沙。

江南的景色固然如诗如画，然而，康熙帝的南巡并非在一片祥和的气氛中进行。为了保证皇帝的安全，纳兰容若和其他侍卫需要提前到达各个地区进行"安全排查"。实际上，当时的江南地区对清王朝还抱有相当的抵触情绪。

康熙帝此次南巡，一方面是为了展示自己的亲民形象，另一方面是为了彰显威严，以期缓解江南地区的矛盾。据史料记载，康熙帝在巡游至扬州时，由于该地曾发生过"扬州十日"的悲剧，为了确保皇帝的安全，随行队伍并未在扬州城内过夜，而是选择在船上夜宿。之后，他们也没有在扬州多做停留，很快就匆匆离开了。在这种紧张的氛围中，纳兰容若对历史的反思可能变得更加深刻和沉痛，这种情感在他的小令中得到了体现。

江南与北地截然不同的风光，为纳兰容若抚平了内心的些许郁结，使他的心境增添了几分恬淡与宁静。在致顾贞观的书信中，我们可以窥见他眼中的江南之美："及夫楚树连云。吴舠泊岸；牙樯锦缆，觉鱼鸟之亲人；青幰碧油，喜风花之媚客。梁溪几曲，无异鉴湖；虎阜一拳，依稀灵岫。千章嘉树，户户平泉；一领绿蓑，行行西塞。品名泉于萧寺，听鸟语于花溪。昔人所云茂林修竹，清流激湍者，向于图牒见之，今以耳目亲之矣。"鸟语花香、嘉树清泉、茂林修竹、清流急湍……江南的钟灵毓秀之气扑面而来。

"且其土壤之美，风俗之醇，季札遗风，人多揖让，言偃故里，士尽风流。"江南的民风淳朴，风俗醇厚，尽展江南的文气与风流。"稻蟹莼鲈，颇堪悦口；渚茶野酿，足以销忧。"江南的美食令人愉悦，足以消愁。"侍绛帐于昆冈，结芳邻于吾子；平生师友，尽在兹邦，左挹洪厓，右拍浮丘；此仆来生之夙愿，昔梦之常依者也。"纳兰容若对江南的深厚情感溢于言表。

此次南巡，纳兰容若不仅在无锡与顾贞观重逢，在江宁，他还拜访了另一位重要的朋友——曹寅。曹寅曾与纳兰容若于"宿卫明光宫"共事八年，担任御前侍卫，如今则是江宁织造。

第二章
与君高卧闲——岁寒三友

在纳兰容若的朋友中，江南文人占据了重要位置，而在这些文人中，有两位与众不同，他们便是同样才华横溢的旗人好友——曹寅和张纯修。曹寅和张纯修均出自正白旗内务府包衣，他们与纳兰容若年纪相仿，志趣相投，性格相合。曹寅曾有言："交逾金石真能久，岁寒何必求三友"，此言足以见得他们之间情谊之深厚。

曹寅，字子清，号荔轩，又号楝亭、雪樵、西堂扫花行者等，出自满洲正白旗包衣。世人多知其后人曹雪芹以绝世才华创作了千古奇书《红楼梦》，却鲜少了解曹寅亦是一位博学多才的文人。曹寅精通诗词文赋戏曲，与纳兰容若、韩菼同年参加了顺天府试，年仅十四岁便取得了举人身份。后因曹家与皇家关系密切，曹寅并未继续科举之路，而是成了宫廷侍卫，与纳兰容若共事长达八年，两人之间的友情非常深厚。

即便对纳兰容若不太了解，许多人也听过这样一句话："家家争唱饮水词，纳兰心事几曾知？"这句话便出自曹寅的诗作《题楝亭夜话图》中。全诗篇幅颇长，此处仅摘录部分以窥豹一斑。

题楝亭夜话图（节选）

忆昔宿卫明光宫，楞伽山人貌姣好。

马曹狗监共嘲难，而今触痛伤枯槁。

交情独剩张公子，晚识施君通纻缟。

多闻直谅复奚疑，此乐不殊鱼在藻。

始觉诗书是坦途，未防车毂当行潦。

家家争唱饮水词，纳兰心事几曾知？

斑丝廓落谁同在？芩寂名场尔许时。

这首诗是曹寅在纳兰容若逝世十年后所作，而其背后的故事，要追溯到康熙二十三年（1684 年）。当时，在无锡与顾贞观洒泪告别后，纳兰容若随康熙帝抵达了素有六朝古都美誉的江宁（今南京）。这里不仅有着令人陶醉的六朝烟水，还有乌衣巷的王谢遗风、秦淮河畔的佳丽艳名，更有纳兰容若的挚友——时任江宁织造的曹寅，他们曾共同经历"马曹狗监共嘲难"的岁月。

曹寅的父亲曹玺在康熙二年（1663 年）便受到重用，负责监理江宁织造；曹寅的母亲孙氏，曾是康熙帝的乳母，而曹寅本人也曾是康熙帝的伴读。康熙帝在南巡期间，曾亲昵地拉着孙嬷嬷的手，感慨地说："这是我家老人。"康熙帝一生六次南巡，其中五次都由曹寅接待，这足以证明他所受到的宠信。在康熙帝的第一次南巡中，纳兰容若随驾一同入住江宁织造府。他们在楝亭下举杯共饮，倾诉离情，以诗酒唱和，仿佛回到了往昔那些美好的时光。

当时的曹寅面带忧郁，纳兰容若明白这是因为其父亲逝世不久，心情难免低落，他想要安慰好友却又感到言语的无力，因此有些犹豫。曹寅察觉到好友的为难，便释然一笑，说道："我此时有事求你。"接着，他开始娓娓道来楝亭的由来：当年他的父亲在这里亲手种下了一棵楝树，并在旁边修建了亭子，故取名为楝亭。如今，楝树依旧枝繁叶茂，而他的父亲却已离世。因此，曹寅希望能邀请多位文人参与题咏，自然也不会少了纳兰容若这位至交。

容若听后，欣然应允，随后创作了《满江红》一词：

满江红·为曹子清题其先人所构楝亭，亭在金陵署中

籍甚平阳，美奕叶、流传芳誉。君不见、山龙补衮，昔时兰署。饮罢石头城下水，移来燕子矶边树。倩一茎、

黄栋作三槐，趋庭外。

延夕月，承晨露。看手泽，深余慕。更凤毛才思，
登高能赋。入梦凭将图绘写，留题合遣纱笼护。正绿阴、
青子盼乌衣，来非暮。

此词落笔如同行云流水，气度雍容而典雅。开篇"山龙补衮，
昔时兰署"不仅洋溢着对曹家昔日辉煌的颂扬，也流露出纳兰容
若深深的钦慕之情。而在词的结尾，"正绿阴、青子盼乌衣，来非
暮"，则巧妙地由景入情，寄托了对未来与好友重逢时刻的期盼，
想象着能够再次与曹寅青梅煮酒，畅谈至深夜。

无人能料到，这竟是他们此生的最后一次相聚。多年以后，为
了纪念那段时光，二人的共同好友张纯修绘制了《棟亭夜话图》，
而曹寅则在图上题写了《题棟亭夜话图》一诗。诗中，曹寅再次追
忆起他们共同在宫中度过的岁月，"忆昔宿卫明光宫"，对比今日的
"而今触痛伤枯槁"，字里行间流露出深深的怀念与哀伤。尽管当
时，他们俩都认为侍卫的工作既辛苦又枯燥，无法充分发挥自己的
才华。纳兰容若曾在诗中写道："有梦不离香案侧，侍臣那得日高
眠"，而曹寅亦曾表达："尘役苦无厌，俯躬自彷徨"，这些诗句中
充满了对仆役生活的厌倦。

然而，回首往昔，他们至少还有彼此相伴，那些相互嘲笑、开
解的日子，在如今的回忆中显得弥足珍贵。曹寅在诗中所言"纳兰
心事几曾知"，透露出他对纳兰容若在天之骄子身份背后，所承受
的苦楚与忧郁的深刻理解。这表明，他们之间远非一般交情，而是
一段极为深厚且亲密的友情。

以画笔记录往昔好友的张纯修，字子安，号见阳，出身正白旗
包衣，曾担任庐州知府。他正是曹寅诗中所提及的"交情独剩张公
子"中那位独剩的好友。张纯修是清朝时期著名的画家，擅长山水
画，并精通书法，其作品"得董源、米芾之沉郁，兼倪瓒之逸淡"。
他的家中收藏了众多名画，亦擅长篆刻，且酷爱书籍。

张纯修年长于纳兰容若，性情温和恬淡，不喜广泛交游，只与
纳兰容若、曹寅、高士奇等志同道合的朋友保持往来，纳兰容若视

他为沉稳可靠的兄长。在书画收藏方面，二人都有深刻的见解，常常相互交流心得，张纯修也曾将自己珍藏的佳作转赠给纳兰容若，包括宋人李公麟的《五马图》、元人王振鹏的《龙舟竞渡图》以及明人王绂的《竹枝图》等。

张纯修在生活中极为细心周到，他珍藏了所有纳兰容若写给他的书信，哪怕是便笺字条。例如，纳兰容若每当创作出满意的诗词，便会急切地写在字条上，差遣家仆送给张纯修，让他的好友能先睹为快。张纯修非常珍视这些作品，认为"真知己，虽一言半字，不肯轻弃"，并将这些墨宝整理收藏，即便是远行赴任时也随身携带。纳兰容若的另一位好友秦松龄曾感慨："其知容若深矣。"纳兰容若去世后，顾贞观与张纯修在再次修订印刻《饮水词》时，张纯修补充了许多词作，其中有些作品甚至未曾收录于《通志堂经解》中。这些都是从纳兰容若寄给他的手书中整理而来，张纯修对纳兰容若的怀念，随着这些文字，被永久地留存在了岁月的长河中。

"……又承吾哥不以贵游相待，而以朋友待之，真不啻既饱以德也。谢谢！此真知我者也。当图一知己之报于吾哥之前，然不得以寻常酬答目之。一人知己，可以无恨，余与张子，有同心矣。"

张纯修从未将纳兰容若视作一个需要刻意奉承的贵族公子，而是以对待普通朋友一样真诚相待。纳兰容若，天性纯良，被张纯修的这份真心深深感动，两人因此结下了深厚的友谊，成了异姓兄弟。

纳兰容若对好友张纯修的见阳山庄情有独钟，这里清幽恬静，远离尘世的喧嚣。他曾多次前往拜访，并在此情此景的感染下，创作了《菩萨蛮·过张见阳山居，赋赠》一词：

菩萨蛮·过张见阳山居，赋赠

车尘马迹纷如织，美君筑处真幽僻。柿叶一林红，萧萧四面风。

功名应看镜，明月秋河影。安得此山间，与君高卧闲。

词中流露出纳兰容若对张纯修山居生活的无限向往。上片描绘了居所周围的景色，秋日里，满山的柿叶如火如荼，四周风声萧萧，营造出一种宁静而愉悦的氛围，令人心生向往，渴望能长久流连于此，与好友共享山间的闲适。下片则表达了他对功名的淡泊，以及对隐逸生活的渴望。全词虽未过多雕琢，但正是这份质朴，更显露出真挚的情感。

清代著名画家禹之鼎曾为张纯修绘制了一幅《张见阳小像》，画中的张纯修气度非凡，风姿儒雅。纳兰容若见到这幅画像后，心中喜悦，便在画上题了一首诗：

题见阳小照

雨雪山空独悟迟，羡吾潇洒出尘姿。

灵和别殿临风晚，最忆春前第一枝。

到了康熙十八年（1679 年），当张纯修被任命为江华县令时，纳兰容若作了《菊花新·用韵送张见阳令江华》以送别：

菊花新·用韵送张见阳令江华

愁绝行人天易暮，行向鹧鸪声里住。渺渺洞庭波，

木叶下，楚天何处。

折残杨柳应无数，趁离亭笛声吹度。有几个征鸿，

相伴也，送君南去。

之后，两人书信往来频繁，纳兰容若常在信中鼓励张纯修施行利民的仁政。张纯修所在的楚地以香草、美人闻名，一次，纳兰容若提议，张纯修可绘制一幅"美人香草图"，自己也愿意为此题诗，共享风雅。张纯修便绘制了《风兰图》寄给纳兰容若，纳兰容若也兑现承诺，作了《点绛唇·咏风兰》回赠：

点绛唇·咏风兰

别样幽芬，更无浓艳催开处。凌波欲去，且为东风住。

忒煞萧疏，争奈秋如许。还留取，冷香半缕，第一湘江雨。

张纯修收到后非常欢喜，并以和韵的方式创作了《点绛唇·兰，和容若韵》：

点绛唇·兰，和容若韵

弱影疏香，乍开犹带湘江雨。随风拂处，似共骚人语。

九畹亲移，倩作琴书侣。清如许，纫来几缕，结佩相朝暮。

纳兰容若离世后，张纯修心中充满了难以平复的悲痛。回忆起与容若共同吟诗作画的往昔，他便将满怀的哀愁寄托于笔下的墨兰。每当描绘兰花时，他便会想起那位"君子如兰"的挚友，于是在画旁题上一首纳兰的词作，仿佛这样就能将好友的音容笑貌永远留在身边。曹寅得知张纯修以此方式缅怀容若，便创作了《墨兰歌》，在歌中赞道："张公健笔妙天下，散卓屈铁写墨兰。太虚游刃不见纸，万首自跋纳兰篇。交逾金石真能久，岁寒何必求三友。"

他们三人之间深厚的友谊，确如玉石金铁般坚固，即使他们已经离世数百年，那份情谊依旧在历史的长河中熠熠生辉。

第三章
人生别易会常难——聚散匆匆

黯然销魂者，唯别而已矣！

——江淹《别赋》

纳兰容若，这位京城的贵公子，他的至交好友大多是江南的文人墨客。尽管他们常在渌水亭中相聚，宴饮作乐，诗酒唱和，尽显风流，然而，每当好友因职务调动或家中遭遇重大变故，容若总不得不面临与友人的别离。他的许多作品，主题都围绕着别离与思念。

一次，众友相约去郊外踏春。途中有人提议，单纯的行路未免单调，不如即景联诗，增添雅兴。大家纷纷赞同，兴致勃勃地接受了这个提议。"江左三凤凰"之一的陈维崧笑着自告奋勇，说道："那老夫就来做这抛砖引玉的第一人。"沉吟片刻，抚须思索后，他朗声吟出"出郭寻春春已阑"。即景联诗的要求并不苛刻，主要是以眼前的景物和事件为题材，无须深奥的人生哲理或沉痛的感慨，只要押韵即可。

陈维崧的这第一句，描绘的是大家眼前的暮春景色，春意阑珊，春花凋零，不免带出一丝凄凉。秦松龄想到，既然是友人相聚春游，应当是欢乐之事，便想把气氛转得欢快一些，接口道"东风吹面不成寒"。春风和煦，已无冬日的寒意，令人心怀激荡。严绳孙鼓掌称赞，接着吟出大家随行歌唱的情景"青村几曲到西山"。姜宸英也不甘示弱，吟道"并马未须愁路远"。有美景好友相伴，何须忧愁前路漫长。朱彝尊被这豪放情怀所感染，下一句更是将气氛推向高潮，劝大家在欣赏美景的同时，也要畅饮至醉，尽情欢乐。纳兰容若作为最后一人，他远眺青山白云，眼中流露出一丝惘然，沉思片刻后，吟出"人生别易会常难"。

浣溪沙·郊游联句

出郭寻春春已阑（陈维崧），东风吹面不成寒（秦松龄）。青村几曲到西山（严绳孙）。

并马未须愁路远（姜宸英），看花且莫放杯闲（朱彝尊）。人生别易会常难（纳兰容若）。

前五句联句尽展春游的欢快景象，然而最后一句却以纳兰容若的感慨收尾，带来了一丝怅然。众人皆沉醉于当下的欢聚，而容若却已预见到散场后的哀愁，这恰如他一生的悲叹。自爱妻离世后，他便深刻体会到了"天下无不散之筵席"的无奈。

康熙十八年（1679 年）秋，与纳兰容若情同手足的张纯修接到了远赴江华的任命。纳兰容若既为好友的远行牵肠挂肚，又为即将到来的别离怅然若失。在散花楼为好友举行的送行宴上，他挥笔写下了一阕《蝶恋花》。当时正值秋季，落叶纷飞，北雁南归，本就多愁善感的容若，笔下更是流露出浓浓的离愁别绪：

蝶恋花·散花楼送客

城上清笳城下杵。秋尽离人，此际心偏苦。刀尺又催天又暮，一声吹冷蒹葭浦。

把酒留君君不住。莫被寒云，遮断君行处。行宿黄茅山店路，夕阳村社迎神鼓。

不久之后，姜宸英接到了母亲去世的噩耗，必须离职回家守孝，匆忙地返回江南奔丧。纳兰容若不得不再次为好友准备送行宴。他理解姜宸英内心的悲痛，因为除了母亲突然离世之外，姜宸英还不得不放弃参与修撰《明史》的宝贵机会。这个机会实在得来不易，因为姜宸英性格孤傲，尽管早已成名，却因得罪了许多人而仕途坎坷，甚至在博学鸿词科选拔中也未被选中，可想姜宸英内心是何等忧郁难释。纳兰容若作《潇湘雨》以送别，既是安慰好友节哀，也劝他不必过于在意官场的得失。既然既爱酒又擅长诗词，何不寄情于山水之间，享受那份逍遥自在的生活呢？

潇湘雨·送西溟归慈溪

长安一夜雨，便添了、几分秋色。奈此际萧条，无端又听，渭城风笛。咫尺层城留不住，久相忘、到此偏相忆。依依白露丹枫，渐行渐远，天涯南北。

凄寂。黔娄当日事，总名士如何消得。只皂帽寒驴，西风残照，倦游踪迹。廿载江南犹落拓，叹一人、知己终难觅。君须爱酒能诗，鉴湖无恙，一蓑一笠。

几年后，康熙二十一年（1682年）正月十五上元节，众多好友终于再次齐聚京城。纳兰容若邀请大家在花间草堂小聚，陈维崧、严绳孙、朱彝尊、姜宸英、吴兆骞、曹寅等人都应邀而来。在此佳节，众人共聚一堂，把酒言欢，席间各自创作了一首《临江仙》以共庆佳节。随后，趁着酒兴，大家玩起了抽签游戏，每个人随机抽签，以厅中绘有古迹的纱灯为题即兴创作。

纳兰容若在抽签游戏中意外地抽到了《文姬归汉》的纱灯。蔡文姬，这位在塞外苦等多年的才女，经历了种种艰难曲折，最终被曹操赎回，其经历与在宁古塔虚度光阴多年的吴兆骞何其相似！正是纳兰容若不遗余力地促成了这位才子的归来。面对此画，似乎只有他来题词才是最为恰当的。他随即创作了一阕《水龙吟·题〈文姬图〉》：

水龙吟·题《文姬图》

须知名士倾城，一般易到伤心处。柯亭响绝，四弦才断，恶风吹去。万里他乡，非生非死，此身良苦。对黄沙白草，呜呜卷叶，平生恨、从头谱。

应是瑶台伴侣，只多了、毡裘夫妇。严寒虀糗，几行乡泪，应声如雨。尺幅重披，玉颜千载，依然无主。怪人间厚福，天公尽付，痴儿呆女。

此作一经吟出，在场的友人均赞叹不已。全篇以蔡文姬的故事为基调，典故运用得体自然，文笔凝练流畅，仿佛行云流水，仅用数句便勾勒出文姬一生坎坷而惊心的经历。"柯亭响绝"讲述的是蔡文姬之父蔡邕的轶事。蔡邕，一代大儒，曾在避难途中经过柯亭，发现亭上的竹椽音质奇特，于是取下制成笛子。一经吹奏，其乐声直冲云霄，与寻常笛声迥异。但自蔡邕离世后，那美妙的柯亭笛声便成绝响。

蔡文姬与父亲一样，极擅音律。有一次，蔡邕弹琴时偶然断了一根琴弦，九岁的蔡文姬在旁立刻说出："断的是第二根琴弦。"蔡邕不以为意，以为女儿只是偶然猜中，于是故意再断一根，蔡文姬立刻答道："这次是第四根。"这便是《三字经》中"蔡文姬，能辨琴"的由来。然而，这位才华横溢的才女却遭遇了"恶风"，被掳至匈奴，流放到离家万里的塞外苦寒之地。"非生非死"一句，则是借鉴了吴伟业《悲歌赠吴季子》中的"山非山兮水非水，生非生兮死非死"，以此表明此词是借文姬的遭遇，来表达对好友吴兆骞的同情与慰藉。直至词末，容若隐约融入了自伤之情，他与吴兆骞又何尝不是如此？才华横溢却未获天宠，"人间厚福"反被"痴儿呆女"所享有。

康熙二十年（1681年）六月，严绳孙被任命为山西乡试的主考官，秦松龄则被任命为江西乡试的正考官，两人各自赴任他地。到了康熙二十一年（1682年），性格淡泊的严绳孙创作了《西山御值杂诗》二十首，表达了他对仕途的无奈和归隐的愿望。纳兰容若读后感同身受，这些诗作与他自己的心情不谋而合，于是他和作了《西苑杂咏，和荪友韵》二十首，以此安慰严绳孙。

随后的两三年间，秦松龄遭遇牢狱之灾，虽最终获救却遭罢官归家；严绳孙则调任翰林院编修，不久后请假南归；朱彝尊也遭到弹劾，遭受降职的打击……友人们各自不同的境遇，让纳兰容若深感世事的无常，他的心情在很长一段时间内都显得格外低落。

康熙二十三年（1684 年），在随驾南巡的途中，纳兰容若始终牵挂在京城养病的好友吴兆骞，心情异常沉重。然而，不幸的消息突然传来，吴兆骞竟离他而去！在宁古塔度过二十年艰苦的劳役生活后，吴兆骞身心俱疲，满身伤病。尽管后来回到京城，在明珠府中担任纳兰容若胞弟的西宾，并得到了精心照料，但旧病难愈。他因深切思念故乡，坚持返回江南老家，却因多年异乡生活，已不适应当地的风土气候，导致水土不服，一病不起。最终，吴兆骞只得再次回到京城，但不久便与世长辞。

容若得知噩耗，心中悲痛难以自抑，但因随驾途中，无法擅自离开。待他终于赶回京城，便亲自为吴兆骞料理后事，并慷慨解囊，资助灵柩返回吴江——那是好友日夜思念的故乡。容若还撰写了《祭吴汉槎文》，文中深情地记载道："畴昔之夜，元冕垂缨。呼我永别，号痛就醒。非子也耶？仿佛精灵。我归不闻，子笑语声。子信死矣！传言是矣！"他在江南时，曾梦见吴兆骞与他告别，从哀痛中惊醒，一时难以分辨梦境与现实。直至回京，亲眼见到好友真的离世，才确信那些传言非虚，其情感之深，流露于字里行间。

吴兆骞的离世，对性情中人的容若来说，无疑是又一次沉重的打击。他回忆起当年顾贞观向他恳求救吴兆骞时，自己曾承诺十年之内完成此事。然而顾贞观却说："人寿几何，请以五载为期"，如今想来，时间尚未满十年。若真按自己的原计划行事，吴兆骞岂不永无归乡之日？想到这些，容若心中不禁感到后怕，同时也庆幸自己听从了知己的劝说，否则他将留下终生的遗憾。

令人扼腕的是，在吴兆骞去世的次年，正值而立之年的纳兰容若也突然离世。

第四章
而今却道当时错——江南沈宛

浣溪沙

欲问江梅瘦几分，只看愁损翠罗裙。麝篝衾冷惜
余熏。

可耐暮寒长倚竹，便教春好不开门。枇杷花底校
书人。

卢氏已经离去多年，可纳兰容若心中的空洞却还未愈合。尽管
他已再娶官氏，侧室颜氏亦伴身旁，但她们仅能给予亲情，而非卢
氏那般的贴心与理解，并非他的红颜知己。

他已寂寞了太久，期待着生命里可以走入另一位知他懂他的
"解语花"。明清时期的江南，才貌双绝的名伎众多，如他曾倾慕的
苏小小，及秦淮八艳等，她们诗词歌赋、琴棋书画无一不精，引得
文人雅士争相结纳。一日，江南沈氏女的才名传入容若耳中。细读
她的词作，他被那柔婉清丽的词风深深吸引。然而，御前侍卫的身
份束缚了他的脚步，使他无法亲赴江南。于是，他将这份心愿寄托
于知己好友顾贞观，在《致顾贞观简一通》的信中写道："又闻琴
川沈姓有女颇佳，亦望吾哥略为留意。"

顾贞观对纳兰之事自然极为用心，南下之际亲自前往拜访沈
宛。一见之下，确信她才情非凡。同时，他也将纳兰的文墨与词集
赠予沈宛。沈宛接过作品，含羞一笑："纳兰公子的《饮水词》，谁

人不知，谁人不晓？我早已拜读。"虽是这样说，她的目光却紧紧停留在纸笺上的一字一句，不愿移开。顾贞观见状，便知事情有望，回信时对沈宛的风采赞不绝口。

在南巡之前，纳兰容若对此次江南之行满怀期待，于是再次修书给顾贞观："吾哥所识天海风涛之人，未审可以晤对否？弟胸中块磊，非酒可浇，庶几得慧心人以晤言消之而已。沦落之余，方欲葬身柔乡，不知得如鄙人之愿否耳。"

"天海风涛"一词，源自唐代诗人李商隐的一段往事。洛阳曾有位名伎柳枝，她的邻居是李商隐的远房族侄李让山。某日，柳枝被隔壁传来的诵读声所吸引，那是一首情致缠绵的长诗，她听得入迷。得知是李商隐所作《燕台》后，柳枝断然将自己的衣带扯断，托李让山转交给李商隐，以求诗作。第二天，李商隐收到柳枝侍女带来的邀请，并答应三日后相见。

然而，命运弄人，在约定之日的前一天，李商隐的一位朋友恶作剧地拿走了他的行李，李商隐不得不追赶，因而未能赴约。当他冬日归来，李让山却告知他柳枝已另嫁他人，李商隐心中顿时充满了"此情可待成追忆，只是当时已惘然"的遗憾。在怀念柳枝的《柳枝诗》序言中，李商隐写道："作天海风涛之曲，幽忆怨断之音"。因此，纳兰容若借用"天海风涛"来代指沈宛，赞美她才情非凡。

清代学者谢章铤在《赌棋山庄词话》中记载："容若妇沈宛，字御蝉，浙江乌程人，著有《选梦词》……丰神不减夫婿，奉倩神伤，亦固其所。""丰神不减夫婿"这一赞誉，足以让我们窥见沈宛这位绝世佳人的风华绝代。

关于沈宛与纳兰容若之间是否有过一段情缘，历来争议颇多。幸运的是，沈宛以其才华闻名于世，著有词集《选梦词》。虽然这部作品至今已经失传，但我们仍可以从当时文人的著作和记载中，捕捉到这位才女的风采。康熙二十九年（1690年），徐树敏与钱岳编纂的《众香词》中，不仅收录了沈宛的五篇词作，还提到："沈宛……适长白进士成容若，甫一年有子。得母教，著《选梦词》。"徐树敏是纳兰容若恩师徐乾学之子，与容若关系密切。他的记载表明，沈宛与容若的关系在其朋友圈中并非秘密。此外，容若的另一位朋友陈见龙也曾作《风入松·贺成容若纳妾》，在诗中明确提及纳兰确实曾纳沈宛为妾：

风入松·贺成容若纳妾

佳人南国翠蛾眉。桃叶渡江迟，画船双桨逢迎便，
细微见高阁帘垂。应是洛川瑶璧，移来海上琼枝。

何人解唱比红儿。错落碎珠玑。宝钗玉臂樗蒲戏，
黄金钏，幺凤齐飞。潋滟横波转出处，迷离好梦醒时。

词中的"桃叶渡江迟"一句，以王献之的爱妾桃叶比喻沈宛，既风雅又贴切。相传，王献之曾在南京某渡口迎接桃叶，因而留下了"桃叶渡"的佳话。王献之所作的《桃叶歌》中写道："桃叶复桃叶，渡江不用楫；但渡无所苦，我自迎接汝。"他们彼此情深，却常面临别离。《桃叶歌》语言质朴自然，却蕴含着深厚的情感，为金陵的"桃叶渡"增添了无限雅意与风情。

遗憾的是，当纳兰容若从京城启程南巡时，顾贞观恰好带着沈宛从江南北上，因此他们未能在江南相遇。待纳兰容若返回京城，沈宛终于出现在他面前，她鬓边的茉莉似乎还带着江南的湿润气息，眉目含情，风姿绰约。她轻轻一笑，盈盈低身万福，令他沉寂已久的心再次被触动。

红袖添香，心心相印，二人度过了一段如胶似漆的甜蜜时光。沈宛有着江南女子特有的温婉，着实令容若心中快慰不少。沈宛更以她的聪慧和善解人意，给容若带来了极大的慰藉。然而，尽管她才华横溢，她的身份与纳兰容若却有云泥之别。当时婚姻受到严格限制，旗人不得与汉人通婚，而沈宛正是汉家女子，容若则是满洲贵族。再者，沈宛家道中落后沦为歌伎，考虑到明珠府的家教严格，以及官氏家族的声望，都不可能接受沈宛进入家门。纳兰容若只得另辟别馆来安置沈宛，使她成了他的外室。由于容若需频繁入宫当差，两人相聚的时光便愈发稀少。

南乡子

　　烟暖雨初收，落尽繁花小院幽。摘得一双红豆子，低头。说着分携泪暗流。

　　人去似春休，厄酒曾将醉石尤。别自有人桃叶渡，扁舟。一种烟波各自愁。

　　在这首《南乡子》中，同样融入了"桃叶渡"的典故。关于这首词的创作背景，流传着两种说法：一种说法认为这是纳兰容若为沈宛所作，以表达分别后的深切思念；另一种说法则认为这是纳兰容若赠予友人的作品。"一种烟波各自愁"，无论这首词是否专为沈宛而作，词中所蕴含的那份哀愁与相思之情，无疑与他们后来的命运紧密相连。

菩萨蛮·忆旧

沈宛

　　雁书蝶梦皆成杳，月户云窗人悄悄。记得画楼东，归骢系月中。

　　醒来灯未灭，心事和谁说？只有旧罗裳，偷沾泪两行。

　　谢章铤的《赌棋山庄词话》中对这首词评价较高，并说道"奉情神伤，亦固其所"，再次提到了那位"不辞冰雪为卿热"的荀粲。如此看来，应该是在容若去后，沈宛追忆往日时光所作。那时候，她总要等到月上中天，才盼来容若归来的马蹄声。她如此黯然神伤，现在又有谁可说呢？只能用旧时的罗裳悄悄拭去眼泪。

朝玉阶·秋月有感

沈宛

　　惆怅凄凄秋暮天，萧条离别后，已经年。乌丝旧咏细生怜。梦魂飞故国，不能前。

无穷幽怨类啼鹃。总教多血泪，亦徒然。枝分连理
绝姻缘。独窥天上月，几回圆。

沈宛的词集《选梦词》已遗憾地失传，如今仅存《众香词》中
的五首词作，这些作品无一例外，均流露出哀婉凄恻的闺怨之情。
有传言称，沈宛在京城居住了半年后，因无法忍受夜夜独守空闺的
孤寂，便带着落寞的心情，决然离开了容若，回到了她魂牵梦萦的
江南。这与她在《朝玉阶》中所写"枝分连理绝姻缘"的意境不谋
而合。

纳兰容若没有理由挽留她，他既无法给予沈宛一个正式的名
分，也无法与她长相厮守，他的内心深处，仍旧留有对卢氏"一生
一世一双人"的那份深情与执着。于是，他决定让沈宛南归，希望
这位温婉如水的江南女子，能够重返那片烟雨朦胧的江南水乡。

但二人都没有想到，当时沈宛已怀有身孕。沈宛独自生下遗腹
子富森，徐树敏记载富森还曾"得母教《选梦词》"。后来，富森回
到纳兰家长大，七十岁时还曾参加过乾隆的"千叟宴"，但沈宛最
终不知去向。

采桑子

而今才道当时错，心绪凄迷。红泪偷垂，满眼春风
百事非。

情知此后来无计，强说欢期。一别如斯，落尽梨花
月又西。

这首词中，纳兰容若以深沉的笔触描绘了离别的悲凉。明知再
无相见之期，却仍强颜欢笑，计划着未来的相聚。这或许是我们此
生最后的相聚，青春如花，生命亦如花，我在落花时节与你告别，
那份无奈与哀愁，随着梨花的凋零和明月的西沉，愈发显得凄凉。

第五章
人生何事缁尘老——愁从何来

采桑子

那能寂寞芳菲节，欲话生平。夜已三更，一阕悲歌
泪暗零。

须知秋叶春花促，点鬓星星。遇酒须倾，莫问千秋
万岁名。

康熙二十三年（1684年）九月二十七，正值纳兰容若扈从
康熙帝东巡的前夕，他给远在江南的顾贞观寄去书信一封。信
中有言："弟比来从事鞍马间，益觉疲顿。发已种种，而执兮如
昔。从前壮志，都已飏尽。昔人言'身后名不如生前一杯酒'，
此言大是。"这近十年的皇帝近卫生涯，令他身心俱疲。他曾经
的壮志凌云，关怀国事民瘼的热忱，在现实的无情消磨下，逐
渐黯淡。

正如这首《采桑子》所表达的，在外人眼里他或许风光无限，
却自有其忧愁孤寂。即便是在春意盎然的四月，他的心中也充满了
对盛衰兴替、历史沧桑的深沉感慨，唯有借"一阕悲歌"来抒发自
己的胸臆。岁月匆匆，青春渐逝，他感到无法抑制的悲凉，以张季
鹰式的放纵之心，对抗着时光的流逝，词中"莫问千秋万岁名"一
句，更是倾吐出一种失落与无奈的悲怆。

拟古

予生未三十，忧愁居其半。
心事如落花，春风吹已断。
行当适远道，作记殊汗漫。
寒食青草多，薄暮烟冥冥。
山桃一夜雨，茵箈随飘零。
愿餐玉红草，一醉不复醒。

纳兰容若未达而立之年时，便已自言"忧愁居其半"，他的词作中亦频繁出现"愁"字，如"长飘泊，多愁多病心情恶""绕砌蛩螀人不语，有梦转愁无据""愁无限，消瘦尽，有谁知""愁里不堪听，那更杂泉声雨声"……

他的知己顾贞观更是哀叹："吾哥所欲试之才，百不一展；所欲建之业，百不一副；所欲遂之愿，百不一酬；所欲言之情，百不一吐。"如此看来，纳兰容若这一生，究竟在愁些什么呢？

自幼年起，纳兰容若便勤学不辍，他不仅苦读四书五经，更精通弓马骑射。他的志向是追随父亲的步伐，成为一位能为百姓立命的经世之才。从他的"学习笔记"《渌水亭杂识》中，我们可以窥见他广博的学识和敏捷的思维，以及他对民生时事的深切关注。然而，尽管他才华横溢，却因家世背景和政局的制约，未能得到康熙皇帝的重用。他虽有进士之才，却如明珠暗投，将宝贵的岁月消磨在宫廷侍卫的职责上。即便后来有"觇梭龙羌"的功绩，也未能改变他的官场命运。从那时起，他似乎已预见到自己的命运，发出了"拟将欢笑排离索""劳人只合一生休"等感慨词句。他曾试图以美酒佳人为伴，以消解内心的郁结，但终究无济于事。

尤其深刻的是，纳兰容若洞察到家族繁华背后潜藏的巨大危机。他在《拟古四十首·煌煌古京洛》中写道："荣华及三春，常恐秋节至"，这让人不禁联想到《红楼梦》中的"三春去后诸芳尽"，都是对未来不祥的预感。严绳孙在《成容若遗集序》中描述纳兰容若的官场生活："及官侍从，值上巡幸，时时在钩陈豹尾之间。无事则平旦而入，日晡未退，以为常。且观其意，惴惴有临履之忧，视凡为近臣者有甚焉。"纳兰容若的处境，远非外界所想象的那般优越。在康熙皇帝面前，他总是小心翼翼，不敢越雷池一步，不敢多言一句，正如他的同僚韩菼所描写："（纳兰）性周防，不与外庭一事。而于往古治乱，政事沿革兴坏，民情苦乐，吏治清浊，才风俗盛衰消长之际，能数指其所以然，而亦不敢易言之……身在高门广厦，常有山泽鱼鸟之思。"

纳兰容若从自己的官职任免中已然察觉，皇帝并不期望朝中出现两位权重显赫的"纳兰氏"。既然其父明珠已居相位，他便只能选择隐退幕后。尽管明珠在治理黄河、收复台湾、抗击外敌等重大事务中立下了汗马功劳，但也被指结党营私、卖官鬻爵，纳兰容若作为儿子，尽管内心忧虑，却无法说服父亲。

多年的扈从生涯，对他的羸弱身体无疑是雪上加霜。纳兰容若在首次参加殿试前，就曾被一场寒疾所击倒。或许是那次患病留下的病根，他在《临江仙·永平道中》中写道："曾记年年三月病，而今病向深秋"。由此可见，纳兰容若长期承受着寒疾的煎熬，随着时间的积累，他的身体状况日益恶化，病痛对他心灵的影响是深远而深刻的。正如古代医术《素问》所记载："人有五脏化五气，以生喜怒悲忧恐"，那些难以摆脱的寒疾，使得本就多情敏感的纳兰容若愈发忧郁愁苦，身心俱疲。

山花子

> 风絮飘残已化萍，泥莲刚倩藕丝萦。珍重别拈香一瓣，记前生。
>
> 人到情多情转薄，而今真个悔多情。又到断肠回首处，泪偷零。

纳兰容若这一生，遭受的最沉重打击莫过于爱人卢氏的早逝。他的悼亡词在词坛上占有举足轻重的地位。虽然古人悼亡佳作众多，苏轼的"十年生死两茫茫"亦是千古流传，但在数量上，纳兰的悼亡词作无人能及，且几乎每一首都维持着极高的艺术水准。这些呕心沥血之作，足以见证卢氏在他生命中所占据的重要位置。他常常沉浸在无法解脱的愁绪之中，甚至在后来的作品中反思并感慨"人到情多情转薄，而今真个悔多情"。尽管他"后悔"自己的多情带来了无尽的痛苦，但"多情"毕竟是他的天性。自嘲之后，他亦有"虽死无悔"之感，因此那种"骤失佳偶"的哀怨，始终萦绕在他的余生。

除了爱情，友情同样占据了纳兰容若心中的重要位置。他认为"物本相感生，相感乃相亲"。对于他所尊重和认可的朋友，他总是不遗余力地提供帮助。正因如此，他得以结交那些"一时俊异，于世所称落落寡合者"。然而，这些文人才子性格各异，孤傲不羁，常常与世俗难以相容，导致他们的命运大多坎坷跌宕。纳兰容若喜欢与朋友相聚，相聚时刻他心中会感到极大的慰藉，但人生聚散无常，离别往往在所难免。他曾感慨："人生何如不相识！君老江南我燕北。"但若非相识，他又怎能拥有生死至交顾贞观、亦师亦友的吴兆骞、异姓兄弟张纯修、深知他心事的曹寅……他与友人们的聚散离别，常常使他陷入深深的愁绪。

纳兰容若这一生似乎拥有了一切：显赫的家世、富裕的生活、慈爱的父母、知心的爱人、良师益友等。然而，这些幸福对他来说，却如同镜中花、水中月，触手可及却又易碎。世间之事，往往利弊相伴。这些幸福，在某些时刻也可能转化为不幸，令他忧思绵绵，抑郁成疾。

第六章
回首月明空——年月将尽

康熙二十四年（1685 年）四月，经历了几场宦海风波的严绳孙决意去职还乡，纳兰容若送他至城门处，赠与好友二首送别诗：

别荪友口占

其一
离亭人去落花空，潦倒怜君类转蓬。
便是重来寻旧处，萧萧日暮白杨风。

其二
半生余恨楚山孤，今夜送君君去吴。
君去明年今夜月，清光犹照故人无？

严绳孙听罢，心中涌起无限酸楚。他觉得"君去明年今夜月，清光犹照故人无"这句诗似乎预示着不祥，心中暗想："明年的今日，我是否还在这世上？"这番话听来不像是短暂的离别，更像是永久的告别。严绳孙万万没想到，仅过月余，便接到了纳兰容若去世的噩耗。他如五雷轰顶，难以置信——纳兰容若年仅三十有余，怎会就此离世？

他回忆起离别时的情景，纳兰容若的神色确实与往常不同。在《哀词》中，严绳孙写道："岁四月，余以将归，入辞容若。时座无余人，相与叙生平之聚散，究人事之终始，语有所及，怆然伤怀。

久之别去，又返我于路，亦终无所复语。然观其意，若有所甚不释者，颇怪前此之别未尝有是。"他们沉默了许久才告别，纳兰容若一路相送，从好友的神情中，严绳孙能感觉到容若似乎有话要对他说，但终究未曾留下一言半句。此时的严绳孙纵有种种猜测，也永远无法得到证实了。

五月二十三，纳兰容若为了迎接远道而来的友人梁佩兰，邀请了顾贞观、朱彝尊、姜宸英等至交好友，举办了一场盛大的接风宴。在宴会上，纳兰容若挥毫泼墨，写下了那首绝笔之作《夜合花》，吟诵之际，情感深沉，三叹之后，令人动容。然而，隔日他便病倒了，生命从此步入了倒计时。经过七日的痛苦挣扎，他终因"不汗"而离世。

这场突如其来的悲剧震惊了所有人，无论是纳兰的父母、至交好友，还是康熙皇帝……无一不为之悲痛欲绝。关于他的离世，史书上仅留下了极为简略的记载："寒疾，不汗而亡"。这种轻描淡写的叙述，让后人不禁产生了种种猜测和遐想。

关于纳兰容若的死因，历史上有诸多猜测。一种说法认为，他的去世可能是康熙皇帝的授意。这种说法的依据来自朝鲜史官编纂的《李朝实录》，其中提到："又有成德者，满洲人，阁老明珠之子，自幼文才出群，年才二十，擢高第，入翰苑为庶吉士。皇帝嫉其才，而杀之。明珠因此致仕而去矣。"然而，这样的说法难以令人信服。康熙帝并非隋炀帝那样随心所欲、心胸狭窄的君主，而且纳兰容若长期侍奉在他身边，没有理由突然将其置于死地。这种猜测显得过于荒谬。

事实上，在三月康熙帝的万寿节上，康熙帝兴致勃勃，亲手抄录了唐代贾至的《早朝大明宫呈两省僚友》一诗赐予纳兰容若，诗中有"共沐恩波凤池上，朝朝染翰侍君王"之句。四月，康熙帝又命纳兰容若作《乾清门应制诗》，并将《松赋》译为满文。这些都是即将重用纳兰的明显信号，与赐死之说相去甚远。据姜宸英回忆，纳兰容若的名字那时还在康熙帝下次出行的随驾人员的名单上，可见他的去世对康熙帝来说也是非常突然的。

另有一种观点认为，纳兰容若是因为无法忍受与妻子阴阳两隔的痛苦，选择了自尽。支持这一观点的人指出，纳兰容若与卢氏的去世时间巧合地"同月同日"，这似乎暗示了某种联系。但根据当时的情况来看，纳兰容若刚刚从江南请来梁佩兰，显然是为了推动"性灵词派"的发展。如果他早有自尽之意，似乎不太可能再发出这样的邀请。此外，康熙帝也曾派遣太医前往明珠府上为纳兰容若诊治，并赐予了珍贵的药材。如果纳兰容若是自尽，御医定会如实上报，而不会冒着"欺君"的风险隐瞒真相。

看似扑朔迷离的事情，往往真相却是最简单不过。纳兰容若的去世，实际上就是由于寒疾。根据史料记载，在康熙二十四年（1685年）五月三十，纳兰的父亲明珠还在正常上朝。如果当时纳兰容若的病情真的非常严重，作为父亲的明珠不可能表现得如此平静，还会如常处理公务。由此可见，当时大家都认为他此次不过是像往常一样的小病，只需适当休养便能恢复，并没有想到他会突然离世。这真是命运的无常，时运的巧合。

许多人为他的离世而悲痛欲绝，然而对他而言，终于不必在尘世中颠沛流离，忍受痛苦，似乎也是一种解脱。他终能与深爱的妻子卢氏团圆，免受两年后父亲明珠被帝王贬谪的沉重打击，亦不必面对恩师徐乾学与父亲之间的对立，以及友人的离别和家族的衰败……他本是个悲观的人，又天性敏感多情，常常困囿于现实的困境中难以解脱。或许上苍怜悯他，让他早早离世，避免面对这些定会让他心碎的悲剧。

他曾在笔端倾注深情，为爱妻卢氏作悼亡之词《山花子》，那词句间仿佛预示了他自身的宿命：

半世浮萍随逝水，一宵冷雨葬名花。